엔트리 기초부터 프로젝트 제작까지 단계별 학습

생각팡팡
코딩교실

with 엔트리

(주)맘이랜서 맘잡고네트워크 | 3CT코딩강사 서원정, 두선미, 이현정, 조은미 지음

BM 주식회사 도서출판 성안당 momjobgo

이 책을 시작하기 전에

이 책에는 블록 코딩 플랫폼인 엔트리를 이용하여 프로젝트를 기획하고 완성하는 과정이 담겨 있습니다.

기초적인 엔트리 사용법은 물론 게임, 애니메이션 같은 응용 프로그램 제작 과정을 학습하면서 프로그래밍의 개념과 알고리즘을 배울 수 있습니다.

각 단원은 '동영상으로 내용 살펴보기', '오브젝트 움직임 관찰하기', '단계별 스토리 이해하기', '알고리즘 생각하기', '단계별 코딩하기'로 구성돼 있습니다.

학습자는 각 단계의 문제를 어떻게 효율적으로 해결해야 할지를 고민하면서 자연스럽게 컴퓨팅 사고력을 향상시킬 수 있습니다.

또한 매 단원의 마무리 단계인 '생각 더하기'를 이용해 중요 내용을 다시 한번 확인하고 아이디어를 창의적으로 발전시킬 수 있습니다.

또한 스스로 프로젝트를 만들고 평가해 볼 수 있는 7개의 예제 프로젝트는 ACE 코딩활용능력평가의 평가 문제와 유사한 형태로 구성돼 있어 자격증 대비 연습을 할 수 있습니다.

이 책이 소프트웨어 교육 과정의 필수 내용을 학습하고 실생활의 문제를 프로그램으로 구체화하는 능력을 향상시키는 데 도움이 되길 바랍니다.

학습 자료 찾아보기

- 학습에 필요한 엔트리 파일들은 맘잡고에듀랩 자료실(www.edulab.momjobgo.com/edulab-data/) 또는 성안당 자료실(www.cyber.co.kr)의 [자료실 바로가기]에서 다운로드할 수 있습니다.

- 유튜브에서 'ACE 코딩 자격증' 채널을 구독하거나 '생각팡팡코딩교실'을 검색하면 동영상 자료를 확인할 수 있습니다.

: ACE 코딩활용능력평가

ACE(Ace Coding Expert) 코딩활용능력평가란?

컴퓨팅 사고력을 기반으로 한 문제해결 능력, 창의적 문제해결 능력을 평가하는 자격시험입니다.
ACE 활용능력평가의 목표는 코드를 분석하는 과정을 통해 컴퓨팅 사고력을 향상시키고,
코딩을 이용해 통합적 사고력을 배양하는 것 입니다. 상황을 먼저 이해한 후, 그에 따른 알고리즘을
찾아 다양한 방법으로 문제를 해결하는 능력을 평가합니다.

: 자격 소개

자격명	ACE(Ace Coding Expert) 코딩활용능력평가
소프트웨어(S/W)	스크래치(Scratch), 엔트리(Entry)
자격의 종류	민간자격
등록 번호	제 2019-003696

- 'ACE 코딩활용능력평가' 자격은 자격기본법 규정에 따라 등록한 민간자격으로, 국가로부터 인정받은 공인자격이
  아닙니다.
- 민간자격 등록 및 공인 제도에 대한 상세 내용은 민간자격정보서비스(www.pqi.or.kr)의 '민간자격 소개' 란을
  참고하세요.

: 평가 항목

- **프로그래밍 활용 능력**
- 엔트리 또는 스크래치 프로그래밍 활용 능력 평가
- 지문이 제시하는 코딩 블록을 활용하여 미완성 코드를 완성하는 능력 평가

- **문제 해결 능력**
- 스토리텔링이 있는 프로젝트의 단계별 진행 과정을 문제로 구성하여 상황 제시
  → 문제 분해 / 추상화 → 문제 해결 → 자동화 과정을 통한 프로젝트 제작 능력 평가
- 지문과 동영상에서 스스로 찾아낸 알고리즘을 바탕으로 코드를 작성하는 능력 평가

: 자격 검정 기준

– 학습에 대한 성취감과 흥미를 느낄 수 있도록 점수에 따라 자격등급을 나눔
– 모든 수험자가 같은 문제로 시험을 보며, 점수에 따라 ACE A/B/C로 나눔

: 문제 구성

상황 제시	문제 분해	핵심 요소 파악	알고리즘 분석	프로그래밍 하기
시험 문제로 활용할 동영상을 확인합니다.	제시된 보기 중 동영상과 관련된 항목을 선별하는 문제 분해 능력을 테스트합니다.	문제 해결에 필요한 요소와 불필요한 요소를 선별하는 문제 파악 능력을 테스트합니다.	해답을 찾는 과정 속에서 절차와 알고리즘을 유추해내는 추상화 능력을 테스트합니다.	이전 과정에서 설계한 알고리즘을 프로그래밍 언어로 표현하는 능력을 테스트합니다.

– 하나의 프로젝트를 완성하는 문제 해결 과정을 8문제로 구성

검정 방법	문제	문제 구성 요소	검증 항목(출제 영역)	배점
필기	1	자료 수집/분석	컴퓨터 사고력 기반의 문제 해결 방법 (자료 수집, 분석/구조화/추상화 등)	100
	2	핵심요소 추출		100
	3	주요 알고리즘 분석		100
실기	4	자동화 Step 1~4	기본 : 문제 해결 능력 + 프로그래밍 능력 (자동화)	100
	5			100
	6			150
	7			150
	8	자동화 Step 5	심화 : 문제 해결 능력 + 프로그래밍 능력(자동화)	200

: 응시 방법

응시 원서 접수 : 온라인 가능
홈페이지 : www.acecode.kr

Contents

수업 단원

예제 단원

엔트리

엔트리는 누구나 무료로 소프트웨어 교육을 받을 수 있도록 개발된 소프트웨어 교육 플랫폼이에요.
간단한 마우스 조작만으로 코딩 명령어 블록을 순서대로 조립하여 자신만의 게임, 애니메이션을 쉽게
만들 수 있어요.

엔트리 프로그램 설치하기

❶ 엔트리 홈페이지 접속하기

인터넷 검색창에서 '엔트리'를 검색하거나 http://play-entry.org로 접속하세요.

❷ 엔트리 오프라인 다운로드하기

컴퓨터 운영체제, 버전에 따라 '엔트리 오프라인'을 다운로드하세요.

📄 내 컴퓨터의 시스템 종류 확인하기

[내 컴퓨터](내 PC) → [속성] → [시스템 종류 확인]

엔트리 알아보기

엔트리는 연극과 비슷한 점이 많아요. 연극을 만들려면 감독과 대본, 연극 무대 그리고 배우가 필요해요. 엔트리에서 프로그램을 만들려면 블록꾸러미에서 필요한 블록을 꺼내 '대본'을 만드는 **블록조립소**, '연극무대'에 해당하는 **실행 화면**, 무대 위에서 대본대로 움직이는 '배우' 역할인 **오브젝트** 그리고 모든 것을 연출하는 여러분(나)이 필요해요.

❶ 엔트리 기본 화면 구성

엔트리와 연극의 비슷한 점을 생각해 본 후 어울리는 역할을 찾아 선을 연결해 보세요.

❷ 엔트리 명칭 알아보기

- **오브젝트** : 연극 무대의 배우처럼, 실행 화면에서 명령대로 움직여요.
- **시작하기** : 감독이 배우에게 지시하는 것처럼, 클릭하면 오브젝트가 움직이기 시작해요.
- **카테고리** : 기능이 비슷한 블록들끼리 같은 색깔로 분류되어 있어요.
- **탭** : 블록 탭, 모양 탭, 소리 탭, 속성 탭으로 이루어져 있어요.
- **블록** : 오브젝트에 명령할 수 있는 도구예요.
- **코드** : 원하는 명령어를 레고처럼 조립한 블록이에요.
- **휴지통** : 삭제하고 싶은 블록을 드래그해 휴지통에 버릴 수 있어요.

❸ 엔트리 실행 방법 알아보기

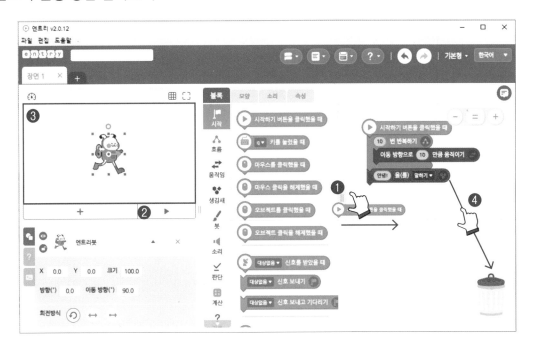

❶ 블록꾸러미에 있는 블록들을 드래그해 블록조립소 안에서 레고처럼 조립할 수 있어요.
이렇게 조립한 블록들을 '코드'라고 해요.

❷ ▶ 를 클릭하면 오른쪽 블록조립소 안에서 조합된 코드가 실행돼요.

코드가 실행되면 ▶ 가 ■ 로 바뀌어요.

■ 를 클릭하면 프로그램을 멈출 수 있어요.

❸ 실행화면 안에서 코드에 작성된 명령대로 오브젝트가 움직여요.

❹ 코드를 휴지통으로 드래그하면 코드를 삭제할 수 있어요.

❹ 코드 실행 순서 확인하기

엔트리 코드는 위에서 아래 순으로 실행해요.

···▶ ▶ 버튼을 클릭하면
···▶ 반복하기 안쪽에 있는 코드를 10번 반복
···▶ 10번 반복하기 블록은 감싸고 있는 블록들을 입력한
횟수만큼 반복해요.
···▶ 반복이 끝난 후 "안녕!"이라고 말하기

❺ 오브젝트 알아보기

명령어로 움직일 수 있는 캐릭터, 배경, 글상자 등을 '오브젝트'라고 해요.
엔트리에서의 코딩은 어떤 오브젝트를 사용하고, 어떻게 움직일지 결정하는 것이라고 할 수 있어요.

 오브젝트 추가하기

오브젝트는 [+] 버튼을 클릭하여 추가할 수 있어요.

추가하기 버튼을 누르면 오브젝트 목록에 새로운 오브젝트가 생겨요.

중심점과 이동 방향

오브젝트에는 중심점과 이동 방향이 표시되어 있어요.

중심점은 오브젝트를 회전시킬 때 기준이 되는 점이에요. 중심점을 어디에 두느냐에 따라 회전 후 결과가 달라져요. 중심점의 X, Y 좌표가 오브젝트의 위치예요.

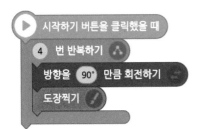

엔트리봇 오브젝트를 90도만큼 회전시키고
도장 찍는 것을 4번 반복해요.

중심점이 배꼽에 있을 때

오브젝트가 배꼽을 중심으로
회전해요.

중심점이 오른쪽 발끝에 있을 때

오브젝트가 오른쪽 발끝을
중심으로 회전해요.

이동 방향은 오브젝트에 달린 화살표가 가리키는 방향이에요. 화살표가 어느 방향을 가리키는지에 따라 오브젝트의 이동 결과가 달라져요.

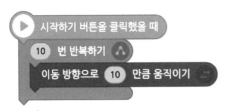

이동 방향으로 10만큼 10번 반복하여 100만큼
움직여요.

이동 방향이 90도 일 때

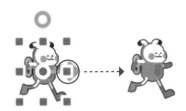

이동 방향이 30도 일 때

❻ 블록 알아보기

블록꾸러미는 블록, 모양, 소리, 속성의 4개의 탭으로 이루어져 있어요.

❶ 블록 탭 : 다양한 명령어 블록들이 모여 있어요.
❷ 모양 탭 : 오브젝트의 모양을 수정하거나 추가할 수 있어요.
❸ 소리 탭 : 오브젝트에서 사용할 소리를 추가하거나 편집할
　　　　　 수 있어요.
❹ 속성 탭 : 변수, 신호, 리스트, 함수 등을 추가하거나 속성들을
　　　　　 수정할 수 있어요.

공통된 기능을 가진 블록들을 모아 카테고리로 나누었어요. 블록의 카테고리는 색깔별로 정리돼 있어서 블록을
찾을 때 블록 탭에서 같은 색깔을 보고 찾으면 편리해요.

블록이 조립된 코드에 마우스 오른쪽 버튼을 누르면 코드를
복사하거나, 붙여넣거나, 삭제하거나, 이미지로 저장하거나,
메모를 추가할 수 있어요.

블록이 아닌 블록조립소에 마우스 오른쪽 버튼을
누르면 코드를 정리하거나, 모두 삭제하거나,
이미지로 저장할 수 있어요.

수업 단원

알록달록 사탕 뽑기

아래 그림은 무엇일까요?
번호 순서대로 선을 연결해 그림을 완성해 보세요.

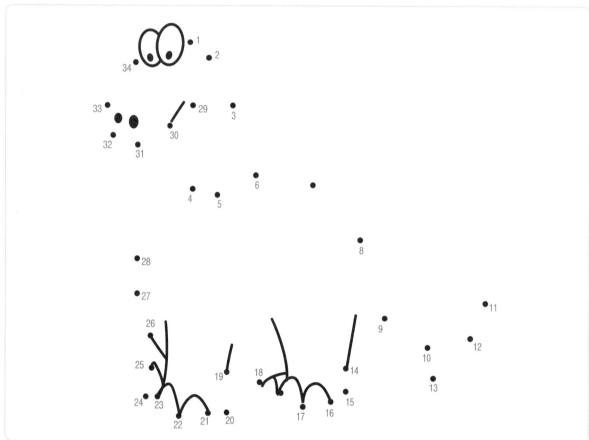

1. 무엇을 배울까요?

- 순차가 무엇인지 알고 동작 순서대로 블록을 사용할 수 있다.
- 오브젝트의 모양을 바꿔 움직이는 오브젝트를 표현할 수 있다.

순차

순차란 어떤 일을 하거나 문제를 해결할 때 차례대로 하나씩 진행하는 것을 말해요.

라면을 끓이는 과정이 순차의 대표적인 예에요. 다음은 라면을 끓이는 방법을 차례대로 나열한 그림이에요.

만약 순서가 바뀐다면 라면을 맛있게 끓일 수 있을까요?

엔트리에서 블록을 결합하여 명령을 코딩하면 컴퓨터는 이를 순서대로, 하나씩 처리해요. 다음 코드를 비교해 볼까요?

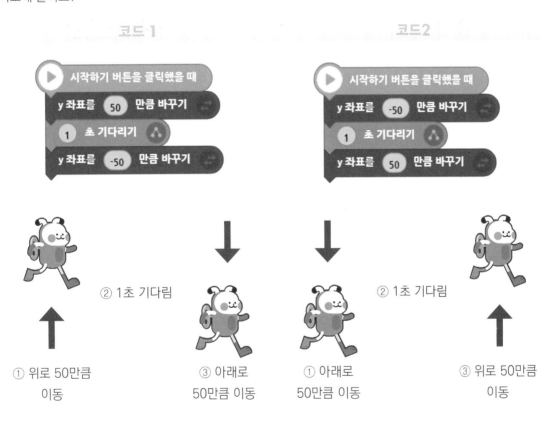

코드 1과 코드 2는 비슷해 보이지만 명령의 순서가 바뀌면 결과가 완전히 달라져요. 따라서 원하는 동작을 정확하게 코딩하려면 명령의 순서를 잘 결정해야 해요.

2. 프로젝트 살펴보기

사탕 뽑기 기계에 동전을 넣고 사탕을 뽑아 볼까요?
여러 가지 색의 사탕이 있어요.
어떤 색의 사탕이 나올까요?

파란색 사탕이다! 맛있겠다.

작품을 QR코드로 살펴볼 수 있어요.

활동 1 **오브젝트 움직임 관찰하기**

동영상을 보면서 오브젝트의 움직임을 관찰하고, 관찰한 내용에 맞게 선을
이어 보세요.

- 자판기 동전 투입구 쪽으로 이동한 후에 사라져요.

- 모양이 계속 바뀌면서 사탕이 움직이는 것처럼 보여요.

- "사탕이 먹고 싶다"라고 말해요.

- 자판기에서 무작위 색의 사탕이 나오고 아이 쪽으로
  이동해요.

활동 2 단계별 스토리 이해하기

동영상을 보고 장면들의 순서를 적어 보세요.

ㄱ
다섯 가지 색의 사탕 중 무작위 색의 사탕이 자판기에서 나와요. 자판기에서 나온 후에 아이 쪽으로 이동해요.

ㄴ
아이가 사탕 자판기를 보고 "사탕뽑기다~ 사먹어야지!" 라고 이야기해요.

ㄷ
사탕 자판기 안의 사탕이 자판기 안에서 돌아가고 있어요.

ㄹ
동전은 아이 쪽에서 나타나 사탕 자판기의 동전 투입구 쪽으로 이동해요.
이동 후 동전은 자판기 속으로 사라져요.

ㅁ
사탕이 나오면 "○○색 사탕이다! 맛있겠다"라고 이야기해요.

(ㄷ) → (　　) → (　　) → (　　) → (　　)

3. 프로젝트 코딩하기 ────────────

chapter01.ent 파일을 불러오세요.

오브젝트		결과 화면
동전	X : 30, Y : -50 👁 **숨기기**	
사탕	X : -85, Y : -40 👁 **숨기기**	
사탕 자판기	X : -120, Y : -40	
아이	X : 30, Y : -50	
	배경	

코딩 미션 1 버튼을 클릭했을 때 사탕 자판기 안의 사탕들이 움직여요.

오브젝트

조건

① 버튼을 클릭했을 때, 모양을 다음 모양으로 바꿔요.

② 바뀐 모양을 확인할 수 있게 0.5초 기다려요.

③ ①, ② 동작을 계속 반복해요.

⟨사용 블록⟩

 미션 이해하기

사탕 자판기 오브젝트의 모양은 2개에요.

2개의 모양을 계속 바꿔 주면 사탕 자판기 안의 사탕이 움직이는 것처럼 보여요.

▶ 버튼을 클릭했을 때 아이가 말을 해요.

오브젝트 조건

① ▶ 버튼을 클릭했을 때, "사탕뽑기다~ 사먹어야지!"를 2초 동안 말해요.
② 사탕이 나오길 기다릴 때, "어떤 색이 나올까?"를 3초 동안 말해요.
③ 사탕이 나오면 '사탕의 색'과 "사탕이다! 맛있겠다"를 한 문장으로 4초 동안 말해요.
　 사탕의 색은 사탕의 모양 이름입니다.

〈사용 블록〉

 미션 이해하기

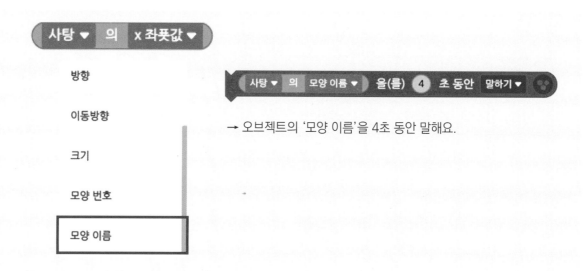

→ 오브젝트의 '모양 이름'을 4초 동안 말해요.

이 블록은 오브젝트의 현재 정보들을 알 수 있어요.
그중 모양 이름 항목은 현재 오브젝트가 어떤 모양으로 선택되었는지 알 수 있어요.

합치기 블록은 변수나 단어 등 서로 다른 문장을 합쳐 한 문장으로 말하도록 할 때 사용해요.

→ 사탕의 '모양 이름'과 "사탕이다! 맛있겠다"를 한 문장으로 4초 동안 말해요.

코딩 미션 3 동전이 사탕 자판기 쪽으로 이동한 후 동전이 들어가는 것처럼 보여요.

오브젝트	조건

① ▶ 버튼을 클릭했을 때, 아이가 말을 하는 2초 동안 기다려요.

② 숨어 있던 동전을 보이게 해요.

③ 2초 동안 사탕 자판기 쪽으로 이동해요.

④ 이동한 후 다시 모양을 숨겨요.

〈사용 블록〉

 미션 이해하기

오브젝트를 특정 위치로 이동시키는 블록은 여러 가지 종류가 있어요. 각 블록의 동작이 어떻게 다른지 알아볼까요?

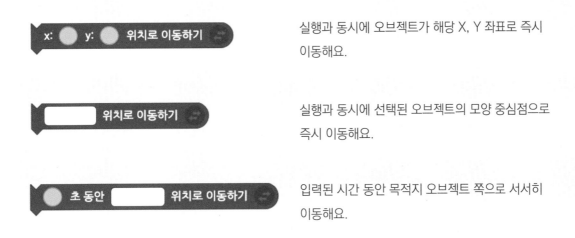

실행과 동시에 오브젝트가 해당 X, Y 좌표로 즉시 이동해요.

실행과 동시에 선택된 오브젝트의 모양 중심점으로 즉시 이동해요.

입력된 시간 동안 목적지 오브젝트 쪽으로 서서히 이동해요.

사탕이 사탕 자판기에서 나와 아이에게 이동해요.

오브젝트	조건
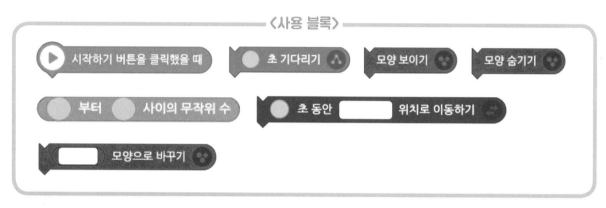	① ▶ 버튼을 클릭했을 때, 사탕은 보이지 않아요.
	② 아이가 말하고, 동전이 들어갈 때까지 4초 기다려요.
	③ 사탕은 총 다섯 가지 모양이 있어요. 사탕의 모양을 무작위로 바꿔요.
	④ 사탕 오브젝트의 모양을 보이게 해요.
	⑤ 2초 동안 아이의 위치로 이동해요.

─〈사용 블록〉─

▶ 시작하기 버튼을 클릭했을 때   ● 초 기다리기   ● 모양 보이기   ● 모양 숨기기

● 부터 ● 사이의 무작위 수   ● 초 동안 [   ] 위치로 이동하기

[   ] 모양으로 바꾸기

미션 이해하기

● 부터 ● 사이의 무작위 수   입력한 범위의 숫자 중 무작위로 숫자를 하나 선택해 알려줘요.

모양이 5개 있을 때, 이 중 무작위로 모양을 하나 선택하려면 다음과 같이 사용해요.

1 부터 5 사이의 무작위 수 모양으로 바꾸기

생각 더하기

동전을 넣고 사탕이 나오면 프로그램은 끝나요. 프로그램이 끝나지 않고 동전을 넣고
사탕 뽑기를 계속 반복할 수 있도록 코딩해 보세요.

QR코드로 작품을 살펴볼 수 있어요.

 힌트

✓ 신호를 추가해, 아이가 동전이 나오는 신호를 보내고 말하는 것을 계속 반복하게 해요.

✓ 동전과 사탕은 신호를 받았을 때 시작하도록 해요. 단, 시작할 때는 항상 처음 위치에서
시작하도록 블록을 추가해야 해요.

MEMO

잘 가, 미세먼지

엔트리봇이 미로 속에 숨겨진 물건을 찾으려고 해요.
다음 파란색 기호대로 이동하면 어떤 물건을 찾게 될까요?

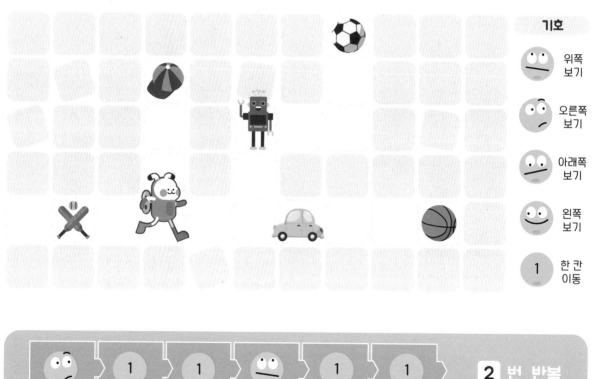

기호

위쪽 보기

오른쪽 보기

아래쪽 보기

왼쪽 보기

1 한 칸 이동

2 번 반복

1. 무엇을 배울까요?

• 조건, 반복에 대해 알아보고 **A 이(가) 될 때까지 기다리기** 블록을 사용할 수 있다.
• **까지의 거리** 블록을 사용해 공기청정기가 미세먼지를 빨아들이는 것처럼 표현할 수 있다.

반복

똑같은 명령을 여러 번 실행하는 것을 말해요. 명령어를 여러 번 사용해도 되지만 반복을
사용하면 좀 더 효율적으로 코딩을 할 수 있어요.

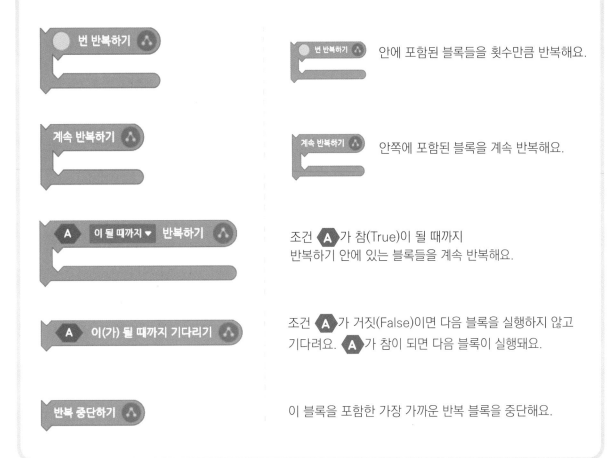

 안에 포함된 블록들을 횟수만큼 반복해요.

안쪽에 포함된 블록을 계속 반복해요.

조건 **A**가 참(True)이 될 때까지
반복하기 안에 있는 블록들을 계속 반복해요.

조건 **A**가 거짓(False)이면 다음 블록을 실행하지 않고
기다려요. **A**가 참이 되면 다음 블록이 실행돼요.

이 블록을 포함한 가장 가까운 반복 블록을 중단해요.

까지의 거리 블록

프로젝트에 포함되어 있는 오브젝트 또는 마우스 포인터까지의 거리를 계산해 알려 줘요.

미세먼지

공기청정기

마우스포인터

2. 프로젝트 살펴보기

 건강을 위협하는 미세먼지! 집에서만이라도 깨끗한 공기를 마시고 싶어요. 집안을 돌아다니는 미세먼지가 공기청정기 근처를 지나가면 공기청정기가 미세먼지를 없애는 프로젝트를 만들어보세요.

작품을 QR코드로 살펴볼 수 있어요.

활동 1 오브젝트 움직임 관찰하기

동영상을 보면서 오브젝트의 움직임을 관찰하고, 관찰한 내용에 맞게 선을 이어 보세요.

 •
• 화면을 자유롭게 돌아다니다가 공기청정기 근처를 지나면 공기청정기 속으로 빨려들어가요.

 •
• ▶ 버튼을 클릭하면 계속 빙글빙글 돌아가요.

 단계별 스토리 이해하기

동영상을 보고 장면들의 순서를 적어 보세요.

ㄱ  미세먼지가 집안 곳곳을 돌아다녀요.

ㄴ  프로그램을 실행하면 공기청정기의 날개가 움직여요.

ㄷ  미세먼지가 집안을 돌아다니다가 공기청정기와 가까워지면 공청정기가 미세먼지를 빨아들여요.

ㄹ  공기청정기가 미세먼지를 빨아들이고 나면 1초 후에 새로운 미세먼지가 또다시 집안을 돌아다녀요.

(ㄴ) → ( ) → ( ) → ( )

3. 프로젝트 코딩하기

chapter02.ent 파일을 불러오세요.

오브젝트		결과 화면
미세먼지	X : 200, Y : -150	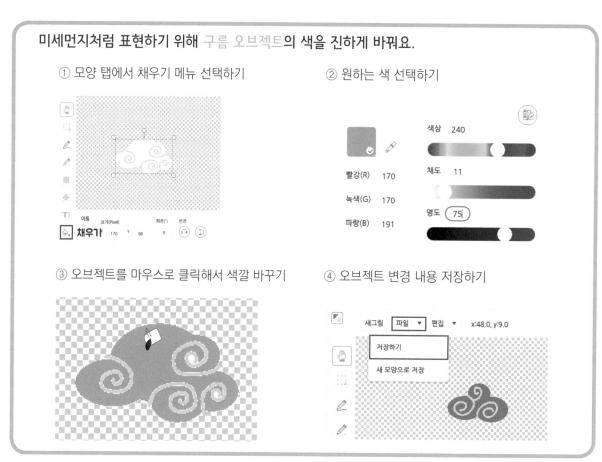
공기청정기	X : -140, Y : 70	
	배경	

💡 **Tip 오브젝트 색깔 바꾸기**

미세먼지처럼 표현하기 위해 구름 오브젝트의 색을 진하게 바꿔요.

① 모양 탭에서 채우기 메뉴 선택하기

② 원하는 색 선택하기

색상　240

빨강(R)　170　　채도　11

녹색(G)　170

파랑(B)　191　　명도　75

③ 오브젝트를 마우스로 클릭해서 색깔 바꾸기

④ 오브젝트 변경 내용 저장하기

새그림　파일 ▼　편집 ▼　x:48.0, y:9.0

저장하기

새 모양으로 저장

오브젝트

조건

① 30도만큼 회전하기를 12번 반복해 360도 회전하도록 해요.

② ①의 동작을 계속 반복하여 공기청정기가 끝까지 빙글빙글 돌아가도록 해요.

〈사용 블록〉

MEMO

▶ 버튼을 클릭했을 때 미세먼지가 화면 속 무작위 위치로 이동해요.

오브젝트	조건

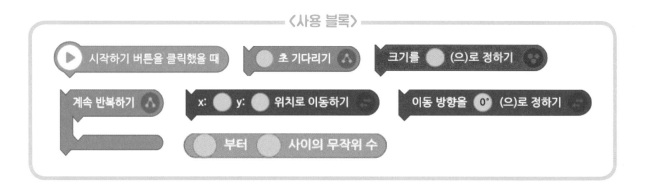

① 미세먼지 크기를 20으로 정해요.

② 미세먼지의 이동 방향을 45도로 정해요.

③ X : 0~240, Y : −180~180 사이의 무작위 위치로 1초마다 계속 이동해요.

〈사용 블록〉

▶ 시작하기 버튼을 클릭했을 때   ◯ 초 기다리기   크기를 ◯ (으)로 정하기

계속 반복하기   x: ◯ y: ◯ 위치로 이동하기   이동 방향을 0° (으)로 정하기

◯ 부터 ◯ 사이의 무작위 수

 미션 이해하기

미세먼지의 위치를 공기청정기에서 조금 떨어뜨리기 위해 X : 0~240 사이의 무작위 위치로 설정해요. 프로젝트를 실행하면 다음 화면 속 빨간 테두리에 해당하는 곳에서만 미세먼지가 나타나는 것을 확인할 수 있어요.

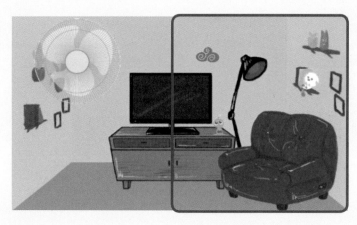

Y : −180 ~ 180

X : 0 ~ 240

미세먼지가 공기청정기와 가까워질 때까지 계속 움직여요.

오브젝트	조건

무작위 위치로 이동하는 미세먼지 코드에 다음 코드를 추가해요.

① 공기청정기까지의 거리가 70보다 작을 때까지 ②, ③을 계속 반복해요.

② 이동 방향으로 1만큼 움직여요.

③ 움직이다가 화면 끝에 닿으면 튕겨요.

〈사용 블록〉

 미션 이해하기

~까지의 거리 블록과 조건이 참이 될 때까지 반복하기를 결합해 미션을 해결해 보세요.

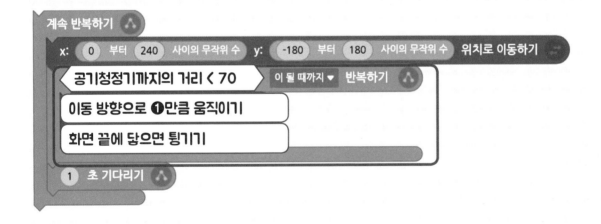

미세먼지가 공기청정기의 근처에 가면 순식간에 공기청정기 쪽으로 빨려들어가요.

오브젝트   조건

① 공기청정기까지의 거리가 70보다 작아지면 0.2초 동안 공기청정기 위치로 이동해요.

② 공기청정기로 빨려들어가는 것처럼 보이도록 모양을 숨겨요.

③ 미세먼지 오브젝트가 다시 화면에 보일 수 있게 모양 보이기를 추가해요.

━━━━ 〈사용 블록〉 ━━━━

[● 초 동안 공기청정기 ▼ 위치로 이동하기]

[모양 보이기]   [모양 숨기기]

 미션 이해하기

미세먼지가 공기청정기의 근처에 가면 순식간에 공기청정기 쪽으로 빨려들어가요.

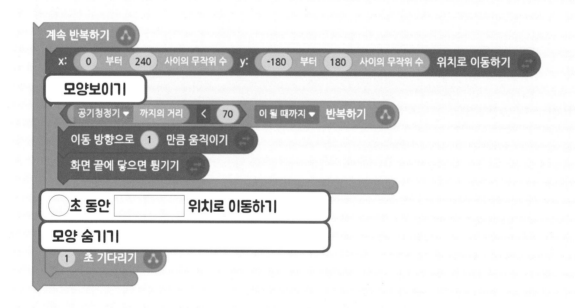

생각 더하기

잠자리가 돌아다니다가 거미줄 근처에 가면 거미줄에 달라붙는 프로젝트를 만들어 보세요.

작품을 QR코드로 살펴볼 수 있어요.

 힌트

√ 고추잠자리가 날아다니는 것처럼 보이도록 [다음 ▾ 모양으로 바꾸기] 블록을 활용하세요.

MEMO

소원 들어 주는 램프

손가락 접기 게임은 참가자들이 손가락을 편 상태에서
차례대로 "누구누구 손가락 접어."라고 말하고,
해당하는 사람은 손가락을 하나씩 접는 게임이에요.
손가락을 가장 많이 접은 친구가 벌칙을 받아요.
아래 5명의 친구 중 누가 벌칙을 받게 될까요?

| 상희 | 조은 | 선미 | 서원 | 현정 |

상희 : 양팔을 올리고 있는 사람 손가락 접어.

조은 : 가방 들고 있는 사람 손가락 접어.

선미 : 안경 쓴 사람 손가락 접어.

서원 : 머리 묶은 사람 손가락 접어.

현정 : 파란색 상의 입은 사람 손가락 접어.

1. 무엇을 배울까요?

• 신호 보내기 와 신호를 받았을 때 블록을 이용해 애니메이션처럼
표현할 수 있다.
• 기본 프로젝트를 작성한 후 나의 소원을 들어주는 소원 램프 프로젝트로 확장할 수 있다.

신호 보내기

신호 보내기는 오브젝트 간에 메시지를 주고받을 때 사용하는 블록이에요. 다른 오브젝트에 메시지를 보내고 메시지를 받은 오브젝트는 명령을 실행해요. 애니메이션처럼 코딩하거나 스크립트가 복잡할 때 주로 사용해요.

신호 보내기에 대해 좀 더 알아볼까요?

'쉬는 시간'
신호 보내기   '쉬는 시간' 신호를 받았을 때

선생님	나	짝꿍
다음 수업을 준비해요	친구들과 이야기해요	화장실을 가요

'수업 시간'
신호 보내기   '수업 시간' 신호를 받았을 때

선생님	나	짝꿍

MEMO

2. 프로젝트 살펴보기

만약 나에게 소원을 들어 주는 램프가 생긴다면 여러분은 어떤 소원을 말하고 싶은가요?
소원 램프 프로젝트를 이용해 내가 원하는 소원이 이루어지는 짜릿한 느낌을 느껴보세요.

작품을 QR코드로 살펴볼 수 있어요.

활동 1 오브젝트 움직임 관찰하기

동영상을 보면서 오브젝트의 움직임을 관찰하고, 관찰한 내용에 맞게 선을 이어 보세요.

　•

　•

　•

• 요술 램프를 발견하고 램프요정에게 소원을 말한 다음 소원이 이루어져요.

• 마우스로 클릭하면 커졌다가 작아져요.

• 엔트리봇에게 소원을 물어보고 엔트리봇이 원하는 소원을 이루어지게 해 줘요.

활동 2 단계별 스토리 이해하기

동영상을 보고 장면들의 순서를 적어 보세요.

ㄱ  엔트리봇이 소원 램프를 발견해요.

ㄴ  램프요정이 엔트리봇의 소원을 듣고 소원을 이루어줘요.

ㄷ  엔트리봇이 램프요정에게 소원을 말해요.

ㄹ  소원 램프를 클릭하면 램프요정이 나타나고 소원을 말하라고 얘기해요.

(ㄱ) → (   ) → (   ) → (   )

3. 프로젝트 코딩하기

chapter03.ent 파일을 불러오세요.

오브젝트		결과 화면
엔트리봇	X : -55, Y : -70	
소원 램프	X : 160, Y : -100	
램프요정	X : 100, Y : -20	
	배경	

☞ 배경은 프로젝트에 어울리는 것으로 바꿔도 좋아요.

☞ 엔트리봇의 모양 탭에서 개수와 모양을 확인하세요.

코딩 미션 1 ▶ **버튼을 클릭했을 때 오브젝트들의 생김새를 초기화해요.**

오브젝트   조건

① 프로젝트를 실행하면 엔트리봇의 크기를 100%로 정해요.

② "이게 뭐지?"라고 2초 동안 말해요.

① 엔트리봇의 말이 끝날 때까지 2초 동안 기다려요.

② "나를 클릭해 봐"를 2초 동안 말해요.

① 프로젝트를 실행하면 램프요정이 화면에 보이지 않도록 투명도를 100%로 정해요.

〈사용 블록〉

미션 이해하기

모양 숨기기 VS **투명도 ▼ 효과를 ● (으)로 정하기**

오브젝트가 화면에서 완전히 보이지   오브젝트는 화면에 그대로 있고 투명도를 조절할
않아요.   수 있어요.

0 − − − − − − − − − − 〉 100
불투명 − − − − − − − 〉 투명

오브젝트   조건

① 요술램프 오브젝트를 클릭하면 크기를 30만큼 바꿔요.

② 0.5초 기다렸다가 다시 원래 크기로 만들기 위해 크기를 −30만큼 바꿔요.

③ 램프요정이 화면에 보일 수 있게 '램프요정' 신호를 보내요.

〈사용 블록〉

오브젝트를 클릭했을 때	크기를 ◯ 만큼 바꾸기
◯ 초 기다리기	램프요정 ▼ 신호 보내기

 미션 이해하기

[신호 보내기] 블록 만들기

① 속성 탭에서 신호 메뉴 선택하기

② 신호 이름 입력하기

램프요정

취소   확인

③ 만들어진 [신호 보내기] 블록 확인하기

코딩 미션 3 램프요정이 요술램프가 보낸 신호를 받으면 화면에 서서히 나타나요.

오브젝트

조건

① 램프요정이 화면에 서서히 나타나도록 투명도 – 5만큼 바꾸기를 20번 반복해요.

② "안녕하세요? 주인님", "소원을 말하세요"를 각각 2초씩 말해요.

③ 말이 끝난 후 '소원을 말해봐' 신호를 보내요.

〈사용 블록〉

코딩 미션 4 '소원을 말해봐' 신호를 받은 엔트리봇이 소원을 말하면 램프요정이 소원을 들어 줘요.

오브젝트

조건

① '소원을 말해봐' 신호를 받으면 자연스러운 대화를 위해 1초 기다려요.

② "나는 파일럿이 되고 싶어"를 4초 동안 말해요.

① '소원을 말해봐' 신호를 받으면 엔트리봇의 말이 모두 끝날 때까지 6초 동안 기다려요.

② "좋았어! 수리수리 마수리~얍!"을 4초 동안 말해요.

③ '소원성취' 신호를 보내요.

〈사용 블록〉

 미션 이해하기

오브젝트가 보낸 신호를 오브젝트가 받을 수 있을까요?

하나의 오브젝트가 보낸 신호를 여러 개의 오브젝트가 받을 수 있어요. 물론 신호를 보낸 오브젝트도 자신이 보낸 신호를 받을 수 있지요.

'소원 성취' 신호를 받으면 엔트리봇의 소원이 이루어져요.

오브젝트	조건

① '소원 성취' 신호를 받으면 엔트리봇의 모양을 파일럿 엔트리봇으로 바꿔요.

② 왼쪽 대각선 위로 날아갈 수 있도록 방향을 315도로 정하고 1초 기다려요.

③ 자연스럽게 날아가는 것처럼 보이기 위해 벽에 닿을 때까지 2만큼 움직이면서 크기를 – 1만큼 바꿔요.

④ 움직이다가 벽에 닿으면 모양을 숨겨요.

〈사용 블록〉

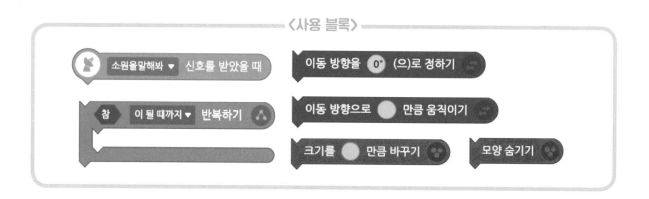

생각 더하기

여러분에게 램프요정이 소원을 물어본다면 무엇을 말하고 싶은가요?

나의 소원을 들어 주는 프로젝트로 확장하고 친구들과 함께 공유해 보세요.

4강 출동! 고스트버스터즈

에코의 친구들이 다음 지도에 표시된 보물을 찾아 출발했어요.
이런! 친구들이 보물 지도를 놓고 갔네요.
친구들이 에코에게 보물의 위치를 설명해 달라고 해요.
보물의 위치를 어떻게 설명해야 친구들이 쉽게 이해할 수 있을까요?

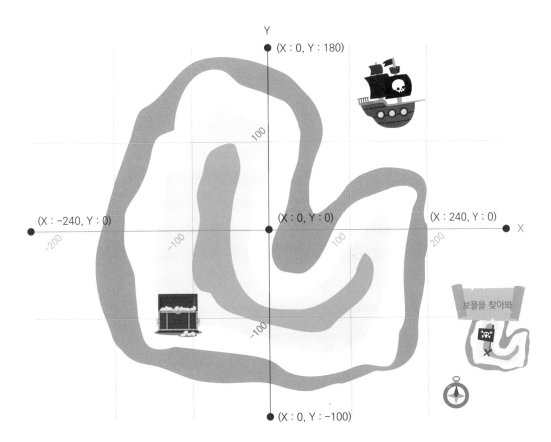

1. 무엇을 배울까요?

- 좌표의 개념을 이해하고 오브젝트의 위치를 좌표로 이야기할 수 있다.
- 좌표 개념을 이용하여 오브젝트가 실행화면 안에서만 이동하는 프로젝트를 작성할 수 있다.

좌표

좌표는 위치를 표현하는 방법으로, 엔트리에서는 오브젝트의 위치를 X 좌표, Y 좌표로 표현해요.
엔트리 실행화면의 정중앙을 기준으로 X 좌표는 가로 위치, Y 좌표는 세로 위치를 나타내요.

실행화면 정중앙의 좌푯값은 (X : 0, Y : 0)이고 정중앙에서 오른쪽으로 갈수록 X 좌푯값이
커지고, 왼쪽으로 갈수록 작아져요. 또, 위쪽으로 갈수록 Y 좌푯값은 커지고, 아래쪽으로 갈수록
작아져요. 엔트리는 X 좌표는 240~240, Y 좌표는 135~135의 값을 가질 수 있어요.

다음 그림에서 복숭아 오브젝트는 화면의 정중앙에 있으므로 좌푯값은 (X : 0, Y : 0)이고 사과는
복숭아보다 왼쪽으로 100만큼 떨어져 있으므로 좌푯값이 (X : -100, Y : 0)이에요.

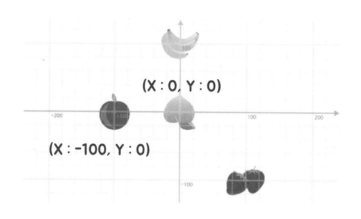

- 다른 음식들의 좌푯값을 적어 볼까요?

  바나나   X : [   ], Y: [   ]   딸기   X : [   ], Y: [   ]

- 오브젝트의 X 좌표, Y 좌표는 [자신 ▼ 의 x 좌푯값 ▼] [자신 ▼ 의 y 좌푯값 ▼] 블록으로 알 수 있어요.

- 오브젝트를 오른쪽, 왼쪽, 위쪽, 아래쪽으로 5만큼 이동하는 블록을 찾아 번호를 적어 보세요.

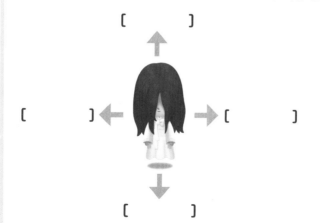

① x 좌표를 5 만큼 바꾸기

② x 좌표를 -5 만큼 바꾸기

③ y 좌표를 5 만큼 바꾸기

④ y 좌표를 -5 만큼 바꾸기

2. 프로젝트 살펴보기

도서관에 유령이 계속 출몰한다는 신고를 받고 고스트버스터즈가 출동했어요. 유령 탐지기와 펀치로 무장한 대원들은 신출귀몰하는 유령을 잡아 도서관의 평화를 지켜야 해요. 고스트버스터즈는 과연 임무를 무사히 마칠 수 있을까요?

작품을 QR코드로 살펴볼 수 있어요.

활동 1 **오브젝트 움직임 관찰하기**

동영상을 보면서 오브젝트의 움직임을 관찰하고, 관찰한 내용에 맞게 선을 이어보세요.

 •　　　• 발사하면 유령을 잡을 수 있어요.

 •　　　• 평소에는 보이지 않고 유령 탐지기를 통해서만 볼 수 있어요.

 •　　　• 마우스를 따라 움직이며 유령을 찾고 있어요.

동영상을 보고 장면들의 순서를 적어 보세요.

ㄱ

펀치를 발사하여 유령을 맞추면 유령이 사라져요.

ㄴ

탐지기가 게임 방법을 설명하고 유령 소탕을
시작해요.

ㄷ

탐지기가 유령을 찾으면 유령의 모습이 화면에
보여요.

ㄹ

탐지기는 마우스를 따라, 펀치는 탐지기를 따라
움직이며 유령을 찾고 있어요.

(ㄴ) → ( ) → ( ) → ( )

3. 프로젝트 코딩하기

chapter04.ent 파일을 불러오세요.

오브젝트		결과 화면
탐지기	X : 0, Y : 0 **크기 : 50**	
펀치	X : 0, Y : -100 **크기 : 50**	
유령	X : -150, Y : 0 **크기 : 80**	
	배경	

☞ 배경은 프로젝트에 어울리는 것으로 바꿔도 좋아요.

☞ 유령에 다른 모양을 추가해도 괜찮아요.

▶ 버튼을 클릭했을 때 탐지기가 유령 소탕을 시작해요.

오브젝트

조건

① ▶ 버튼을 클릭하면 "탐지기로 유령을 찾아 펀치를 날려줘.", "이제 시작"을 각각 1초씩 말해요.

② '유령 소탕' 신호를 보내요.

③ 모양을 30 정도 투명하게 바꿔 탐지기 뒷배경이 비쳐 보이도록 해요.

④ 마우스 포인터를 따라 계속 움직이고 모양도 5도씩 계속 회전해요.

〈사용 블록〉

 미션 이해하기

탐지기가 마우스를 따라 움직이며 유령을 찾으려면 어떻게 해야 할까요?

탐지기가 마우스 포인터 위치로 계속 이동하면 마우스를 따라
움직이는 것처럼 보여요. 이동하면서 모양을 회전시키면
탐지기가 유령을 열심히 찾고 있는 효과를 낼 수 있어요.

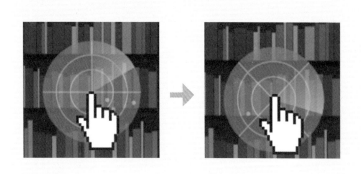

계속 반복하기
마우스 포인터 위치로 이동하기
방향을 5도 회전하기

코딩 미션 2 탐지기가 있는 방향으로 펀치를 날려요.

오브젝트

조건

① '유령 소탕' 신호를 받으면 탐지기 쪽을 계속 바라 봐요.

② 탐지기 쪽을 보고 있다가 스페이스 키를 누르면 탐지기 쪽으로 0.5초 동안
이동하여 펀치를 날려요.

③ 처음 위(X : 0, Y : −100)로 되돌아와요.

④ 다음 모양으로 바꿔 왼쪽, 오른쪽 펀치를 번갈아 내도록 해요.

〈사용 블록〉

 미션 이해하기

유령 오브젝트는 스페이스 키가 눌렸는지 어떻게 알 수 있을까요?

q ▼ 키가 눌러져 있는가? 의 화살표를 눌러 원하는 키를 선택해요. 이 블록을 조건문 부분에 결합하면
선택한 키보드 키가 눌러져 있는지 확인할 수 있어요.

스페이스 ▼ 키를 눌렀을 때 블록을 활용해도 같은 기능을 코딩할 수 있어요.
두 방법의 차이점은 무엇일까요?

오브젝트 조건

① '유령 소탕' 신호를 받으면 오른쪽으로 10만큼 계속 이동해요.

② 이동하다가 유령의 X 좌표가 230보다 커져서 오른쪽 화면 끝에 닿으면 X : -230으로
   이동하여 화면의 왼쪽으로 이동해요.

③ 유령이 너무 빨리 움직이지 않도록 이동할 때마다 0.3초 기다려요.

〈사용 블록〉

 미션 이해하기

유령은 왼쪽에서 오른쪽으로 이동하고 있어요. 즉, X 좌푯값이 계속 커지고 있어요.

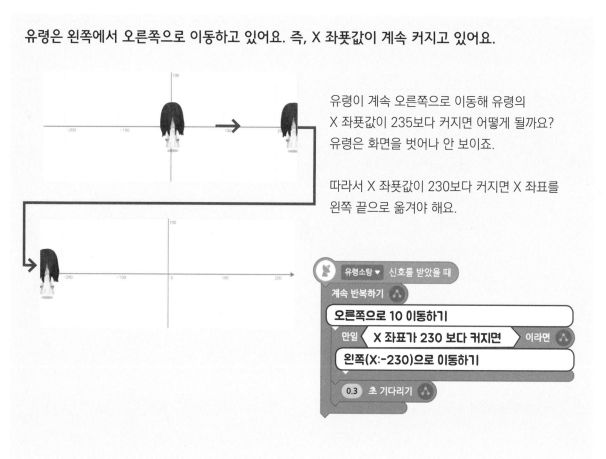

유령이 계속 오른쪽으로 이동해 유령의
X 좌푯값이 235보다 커지면 어떻게 될까요?
유령은 화면을 벗어나 안 보이죠.

따라서 X 좌푯값이 230보다 커지면 X 좌표를
왼쪽 끝으로 옮겨야 해요.

코딩 미션 4 유령은 탐지기에 감지되어야 화면에 보여요.

오브젝트   조건

① '유령 소탕' 신호를 받았을 때 유령과 탐지기가 50보다 가까우면 유령이 화면에 보이게
하고 그렇지 않으면 유령의 모양을 숨겨요.
② 유령은 탐지기 위치에 따라 보이다 숨기다를 계속 반복해요.

〈사용 블록〉

 미션 이해하기

 블록을 또 사용해도 될까요?

형태의 블록들은 오브젝트에서 여러 번 사용할 수 있고 다른 기능을 추가할 수도
있어요. 해당 블록이 동작할 상황이 되면 추가한 모든 기능이 동시에 실행돼요.

코딩 미션 5 유령이 펀치에 맞으면 사라지고 새로운 유령이 나타나요.

오브젝트   조건

탐지기에 따라 보이다 숨기다 하는 코드에 다음을 추가해요.
① 유령이 펀치에 맞으면 모양을 숨기고 0.2초 기다려요.
② 유령의 전체 모양 중 무작위 모양으로 바꿔 새로운 유령이 나타나게 해요.
③ X : -200~100, Y : -20~90 사이의 무작위 위치로 이동해요.

〈사용 블록〉

 생각 더하기

가로 방향으로 움직이고 있는 유령이 세로 방향으로 움직이도록 바꿔 볼까요?
유령이 화면의 위에서 아래로 이동하고 화면 바닥에 닿으면 위로 이동하도록 코딩해
보세요.

작품을 QR코드로 살펴볼 수 있어요.

 힌트

√ 유령을 가로 방향으로 이동하기 위해 X 좌표를 바꿨을 경우, 세로 방향으로 이동하려면 Y 좌표를
바꿔야 해요.

√ 유령이 세로 방향으로 움직인다면 펀치의 이동 방향도 함께 바뀌어야 해요.

√ 펀치의 시작 위치를 (X : 180, Y : 0), 방향 : 270으로 바꿔요.

MEMO

상어를 피해라!

옆자리 친구와 가위바위보 게임을 해 보세요. 게임이 한 판 끝날 때마다 이긴 사람의 점수막대 칸을 하나씩 색칠해요.
나의 점수는 항상 같은가요? 변화하나요?

내 점수	친구의 점수
10	10
9	9
8	8
7	7
6	6
5	5
4	4
3	3
2	2
1	1

① 세 번째 게임이 끝난 후 내 점수와 친구의 점수는 각각 얼마인가요?

② 일곱 번째 게임이 끝난 후 내 점수와 친구의 점수는 각각 얼마인가요?

1. 무엇을 배울까요? ─────────

- 변수가 무엇인지 알고 필요한 변수를 만들 수 있다.
- 변수를 활용하여 기회가 0이 되면 게임을 종료하도록 만들 수 있다.

변수

변수는 하나의 값을 저장하는 공간으로, 이름을 만들어 사용해요.
하나의 컵에 우유와 물을 같이 담을 수 없는 것처럼 한 번에 1개의 값을 가질 수 있어요.
예를 들어, 점수처럼 프로젝트 실행 중에 변하는 값을 변수로 만들어 사용해요.

변수를 어떻게 만드는지 알아볼까요?

❶ 새로운 변수 만들기

방법 1 자료 카테고리에서 변수
만들기를 클릭해요.

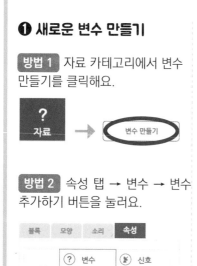

방법 2 속성 탭 → 변수 → 변수
추가하기 버튼을 눌러요.

❷ 변수 이름 입력하기

❸ 기본값 입력하기

변수의 기본값은 '0'이에요.
기본값을 변경하려면
다음 그림처럼 바꿔요.

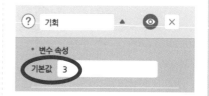

변숫값을 어떻게 사용할까요?

자료 카테고리에 변숫값을 활용할 수 있는 블록이 있어요.

변숫값이 들어있는 블록

변숫값에 입력한 값만큼 더해요.

변숫값을 입력한 값으로 정해요.

변숫값을 실행화면에 보이게 해요.

변숫값을 실행화면에 보이지 않게 해요.

2. 프로젝트 살펴보기

바닷속 상어는 물고기를 잡으려고 계속 다가오네요.
물고기에게 주어진 기회는 3번뿐!
방향키를 누르면 물고기가 움직여 상어를 피할 수 있어요.

작품을 QR코드로 살펴볼 수 있어요.

활동 1 **오브젝트 움직임 관찰하기**

동영상을 보면서 오브젝트의 움직임을 관찰하고 내용이 맞으면 ○,
틀리면 × 표시를 하세요.

- 물고기가 상어에 닿으면 크기가 작아져요.   (   )

- 물고기가 상어에 닿으면 기회가 하나 줄어들어요.   (   )

- 물고기는 계속 왼쪽 방향을 보고 있어요.   (   )

- 상어는 실행화면에서 계속 왔다갔다 헤엄쳐요.   (   )

- 상어가 물고기에 닿으면 "잡아먹자"라고 말해요.   (   )

- 주어진 기회가 0이 되면 게임이 종료돼요.   (   )

단계별 스토리 이해하기

다음 보기를 참고하여 오브젝트 동작 순서를 완성해 보세요.

───────────────〈보기〉───────────────

▶ 신호를 보내요.　　▶ 점프　　▶ 화면에 점점 보여요.　　▶ 화면에 안 보여요.

┌─────────────────────────┐
│ ▶ 버튼을 누르면 기회는 │
│ 3에서 시작 │
└─────────────────────────┘

┌───────────────┐
│ 위쪽 화살표 키를 │
│ 누르면 │
└───────────────┘

상어	물고기	게임종료	물고기
▶ 화면에서 계속 왔다 갔다 헤엄쳐요.	▶ 계속 상어쪽을 바라 보고 있어요.	▶ 기회가 0이 될 때까지 (　　　　)	▶ (　　　)해서 상어를 피해요.
▶ '아야' 신호를 받으면 '잡아먹자'라고 말해요.	▶ 상어에 닿았는가? ⋮ 예 ▶ 기회가 하나 줄어요. ▶ 색깔이 바뀌어요. ▶ '아야' (　)	▶ 기회가 0이면 (　　　) ▶ 모든 코드를 멈춰요.	

3. 프로젝트 코딩하기

chapter05.ent 파일을 불러오세요.

오브젝트		결과 화면
게임종료	X : 0, Y : 0, 크기 : 100	
물고기	X : 0, Y : -30, 크기 : 25 회전 방식 : ↔	
 상어	X : -200, Y : -30, 크기 : 80 회전 방식 : ↔	
	배경	

💡 **Tip** 오브젝트의 회전 방식

좌우로 움직이는 오브젝트의 회전 방식을 오른쪽-왼쪽으로 설정해야 오브젝트가 회전할 때 뒤집히지 않아요. 회전 방식 설정 방법은 다음과 같아요.

오브젝트 정보 창에서 회전 방식을 ↔ 로 선택해 주세요.

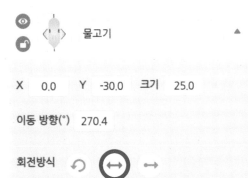

버튼을 클릭했을 때 물고기가 시작 위치에서 실행 방법을 말해요.

오브젝트

조건

① 프로젝트를 시작하면 기회 변수를 만들고 3으로 초기화해요.

② "위쪽 화살표를 눌러 상어를 피해요"라고 실행 방법을 2초 동안 말해요.

③ 물고기 입다뭄 모양으로 모양을 바꿔요.

④ 물고기는 계속 상어 쪽을 바라봐요.

〈사용 블록〉

 미션 이해하기

상어가 다가오는지 보기 위해 물고기는 항상 상어 쪽을 바라보게
해요. 계속 실행하기 위해서 계속 반복하기 블록이 필요해요.

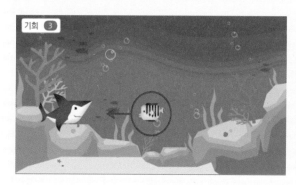

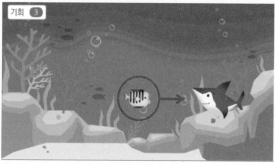

키를 누르면 물고기가 위쪽으로 움직여 상어를 피해요.

오브젝트   조건

① 키를 누르면 10만큼씩 10번 반복하여 위로 올라가요.

② 1초 기다렸다가 10만큼씩 10번 반복하며 내려와 원래 위치로 이동해요.

〈사용 블록〉

5강

 미션 이해하기

물고기가 위로 점프하는 애니메이션을 만들어 볼까요?

위로 올라갈 때는 `y 좌표를 10 만큼 바꾸기` 블록을 10번 반복하여 100만큼 올라가요.

내려올 때는 `y 좌표를 -10 만큼 바꾸기` 블록을 10번 반복하여 원래 위치로 내려가요.

반복 없이 한 번에 100만큼 이동하는 것보다 10만큼씩 10번 움직이면 애니메이션 효과를 줄 수 있어요.

올라갈 때는
Y 좌표를 10씩
10번 바꿔요.

내려갈 때는
Y 좌표를 -10씩
10번 바꿔요.

기회 3

상어가 오른쪽 왼쪽으로 계속 왔다갔다 헤엄쳐요.

오브젝트 조건

① 물고기가 말하는 2초 동안 기다려요.

② 일정한 속도가 아니라 20부터 30 사이 무작위 속도로 계속 움직여요.

③ 움직일 때마다 모양을 바꾸고 벽에 닿으면 튕기고 이동해요.

④ 움직일 때마다 0.1초 기다려 헤엄치는 속도를 제어해요.

〈사용 블록〉

상어와 물고기가 부딪힐 때의 상황을 코딩해요.

오브젝트 조건

① 상어에 부딪히면 기회 값이 1만큼 줄어요.

② '아야' 신호를 보내 상어와 부딪혔다고 알려요.

③ 상어와 부딪힌 물고기는 색깔이 10만큼 바뀌고 "아이 무서워"라고 1초 동안 말해요.

① 상어는 '아야' 신호를 받으면 "잡아먹자"를 1초 동안 말해요.

〈사용 블록〉

기회 변수는 어떻게 변할까요?

기회 값은 3부터 시작하여 물고기가 상어가 부딪히면 1씩 줄어들지요.
기회 값을 줄어들게 하려면 −1만큼 더하기를 하여
현재 기회 값에서 1씩 줄어들게 해야 해요.

코딩 미션 5 기회가 0이 되면 게임 종료가 화면에 나타나고 프로그램이 끝나요.

오브젝트   조건

① ▶ 버튼을 클릭했을 때 투명도를 100으로 설정하여 보이지 않게 해요.

게임종료 ② 기회가 0이 될 때까지 계속 기다려요.

③ 기회가 0이 되면 0.02초마다 투명도 효과 1씩 줄이기를 100번 반복하여 서서히
  나타나게 해요.

④ 모든 코드를 멈춰 프로젝트를 종료해요.

〈사용 블록〉

게임 종료 오브젝트는 기회가 0이 될 때까지 보이지 않다가 0이 되면 서서히 화면에
보이도록 다음 블록을 사용해요.

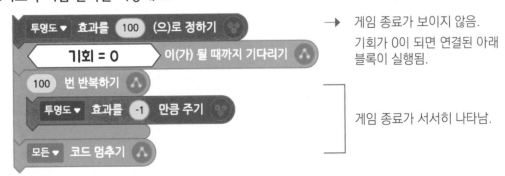

→ 게임 종료가 보이지 않음.
  기회가 0이 되면 연결된 아래
  블록이 실행됨.

  게임 종료가 서서히 나타남.

생각 더하기

30초 동안 물고기가 살아 있으면 게임성공이 보이고 끝나도록 만들어 보세요.

작품을 QR코드로 살펴볼 수 있어요.

 힌트

√ 게임 종료 오브젝트에 게임 성공 모양을 추가해요.

√ 타이머를 사용하여 게임 시간을 확인해요.

MEMO

사과나무 키우기

에코가 식목일에 집 앞에 나무를 하나 심었어요.
1주일 후 큰 줄기에서 나뭇가지 하나가 나왔고 3주일이 지나자
다음 그림처럼 바뀌었어요. 나뭇가지가 계속 이런 속도로 성장
한다면 나무를 심은 후 4주일이 지나면 어떤 모습으로 바뀔지
그려볼까요?

1주일 후	2주일 후	3주일 후

1. 무엇을 배울까요?

- 오브젝트의 모양을 바꿔 식물이 자라는 과정을 표현할 수 있다.
- 복제를 이용하여 사과나무 열매를 표현할 수 있다.

복제

자신과 똑같은 오브젝트가 여러 개 필요하다면 어떻게 해야 할까요?
복제하기는 자신 또는 다른 오브젝트와 똑같은 오브젝트를 하나 더 만들 때 쓰는 블록이에요.
복제하면 모양뿐 아니라 코드, 오브젝트의 크기, 위치 등 모든 것이 똑같이 복제돼요.

자신 ▼ 의 복제본 만들기	자신과 똑같은 오브젝트를 만들어요.
복제본이 처음 생성되었을때	복제된 오브젝트가 수행할 동작을 코딩할 때 사용해요.
이 복제본 삭제하기	복제본을 삭제하는 블록이에요. 삭제되지 않은 복제본이 360개 정도 되면 더 이상 복제되지 않아요.
모든 복제본 삭제하기	필요 없는 복제본은 삭제하면 복제본을 계속 만들 수 있어요. 프로그램을 종료하면 복제본은 자동으로 삭제돼요.

2. 프로젝트 살펴보기

하늘에서 날아온 씨앗에 물을 주어 키워 보세요.
어떤 열매가 열릴까요?

물주기횟수 **5**

작품을 QR코드로 살펴볼 수 있어요.

활동 1 **오브젝트 움직임 관찰하기**

동영상을 보면서 오브젝트의 움직임을 관찰하고, 관찰한 내용에 맞게 선을
이어 보세요.

 •

• 물을 5번 줬을 때, 사과나무에 5~10개 사이의
개수로 나타나요.

 •

• 물조리개가 물을 주고 나면 점점 자라요.

 •

• 오브젝트를 클릭하면 사과나무에 물을 줘요.

단계별 스토리 이해하기

동영상을 보고 장면들의 순서를 적어 보세요.

ㄱ

물 조리개가 나타나 "클릭해서 물을 주세요."라고 말해요.

ㄴ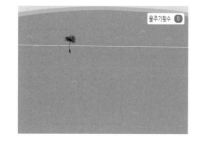

씨앗이 바람을 타고 날아와 땅에 떨어져요.

ㄷ

물을 4번 주면 식물이 모두 성장하고, 다섯 번째 줄 때 사과 열매가 열려요.

ㄹ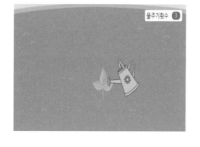

클릭하면 물조리개가 물을 주고, 씨앗은 점점 성장해요.

(ㄴ) → ( ) → ( ) → ( )

3. 프로젝트 코딩하기

chapter06.ent 파일을 불러오세요.

오브젝트	결과 화면

 물조리개
X : 130, Y : -25
 **숨기기**

 사과
X : 0, Y : 0
숨기기

 새싹
X : -240, Y : 150

 **배경**

버튼을 클릭했을 때 씨앗이 날아오도록 코딩해 보세요.

오브젝트   조건

 버튼을 클릭했을 때,

① X 좌표를 10, Y 좌표를 - 10만큼 바꿔요.

② 바람을 타고 날아오는 모습을 표현하기 위해 ①번 코드를 25번 반복하고,
   한 번 반복할 때마다 0.2초 기다려요.

③ 반복이 모두 끝난 후 다음 모양으로 바꾸세요.

─〈사용 블록〉─

 미션 이해하기

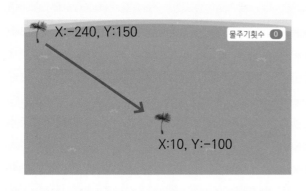

씨앗은 대각선으로 이동해요.
X 좌표를 10, Y 좌표를 - 10만큼 이동하여
대각선으로 이동하게 해요.
천천히 이동하도록 기다리기를 넣어 주세요.

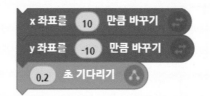

출발지에서 목적지에 도착하기 위해 위의 블록을
총 25번 반복해요.

버튼을 클릭했을 때 아이가 말을 하도록 코딩해 보세요.

오브젝트   조건

① 버튼을 클릭했을 때, 물조리개 1 모양으로 바꿔요.

② 씨앗이 떨어질 동안 6초 기다려요.

③ 모양을 보이게 하고, "클릭해서 물을 주세요"라고 2초 동안 말해요.

〈사용 블록〉

| 시작하기 버튼을 클릭했을 때 | ◯ 초 기다리기 ⚠ | ▢ 모양으로 바꾸기 🐾 |

| 모양 보이기 🐾 | ◯ 을(를) ◯ 초 동안 말하기▾ 🐾 |

MEMO

물조리개를 클릭하면 물조리개를 이동시켜 물을 주는 동작을 한 후 '물주기' 신호를 보내요.

오브젝트   조건

① 오브젝트를 클릭했을 때, 만일 물주기 횟수가 5보다 작다면 물주기 횟수에 1만큼 더해요.

② 0.5초 동안 X : 50, Y : -25 위치로 이동하고 물주는 모양으로 바꿔요.

③ 1초 기다렸다가 '물주기' 신호를 보내요.

④ 원래 모양으로 바꾼 후, 0.5초 동안 처음 위치로 이동해요.

⑤ 만일 물주기 횟수가 5보다 작지 않다면 "물을 그만 주세요"라고 2초 동안 말해요.

〈사용 블록〉

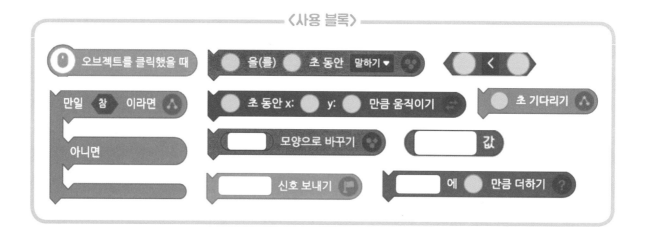

 미션 이해하기

물주기 횟수 값에 따라 물조리개의 행동이 달라져요. 다음 순서도를 보고 조건에 들어갈 알맞은 값을 찾아보세요. (   )

코딩 미션 4 '물주기' 신호를 받으면, 식물은 자라고 물주기 횟수가 **5회**가 되면 열매를 맺을 수 있도록 해 주세요.

오브젝트   조건

① '물주기' 신호를 받았을 때, 만약 물주기 횟수가 5보다 작다면 다음 모양으로 바꿔 식물이 자라는 것처럼 표현해요.

② 물주기 횟수가 5보다 작지 않다면 '열매맺기' 신호를 보내요.

① '열매 맺기' 신호를 받으면 자신의 복제본을 5~10 사이의 무작위 개수만큼 만들어요.

② 복제된 사과는 모양을 보이게 하고 크기는 20~30 사이의 무작위 크기로 정해요.

③ X : −60~60 사이의 무작위 수, Y : −50~35 사이의 무작위 수의 위치로 이동해요.

〈사용 블록〉

 미션 이해하기

복제본을 1개 이상 생성할 때는 생성할 개수만큼 반복하여 복제본을 생성해요.
만약 사과 열매처럼 생성할 복제본의 개수가 항상 일정하지 않다면 반복할 횟수에 원하는 범위의 무작위 수만큼 반복해 주면 돼요.

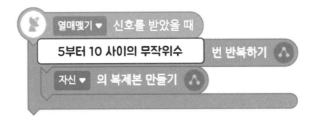

생각 더하기

물을 5번 주면 사과 열매가 열려요. 사과 오브젝트에 여러 가지 열매가 무작위로 열릴 수 있게 만들어 주세요.

작품을 QR코드로 살펴볼 수 있어요.

 힌트

✓ 사과 오브젝트에 여러 가지 열매 모양을 추가해요.
✓ 자신의 복제본을 만들기 전에 모양을 임의의 모양으로 바꿔 복제해 주세요.

MEMO

요술연필 데칼코마니

에코가 친구로부터 다음 그림과 같은 비밀 편지를 받았어요.
위아래가 대칭되도록 그림을 완성하면 편지 내용을 알 수 있다고
하네요.
어떤 내용이 나타날지 함께 그려 볼까요?

1. 무엇을 배울까요?

- 오브젝트가 마우스를 따라다니며 그림을 그리고 키보드를 이용해 붓의 굵기를 조절할 수 있다.
- 요술연필의 X 좌표, Y 좌표를 이용해 요술연필의 움직임을 따라 하는 대칭 오브젝트를
  코딩할 수 있다.

붓 카테고리

오브젝트가 화면에 그림을 그릴 때 사용해요. 붓의 색과 굵기를 조절할 수 있고 화면에 그린 그림을 지울 수도 있어요.

그림을 그리거나 지우려는 모든 오브젝트에 붓 카테고리 블록을 활용해 코딩해요.

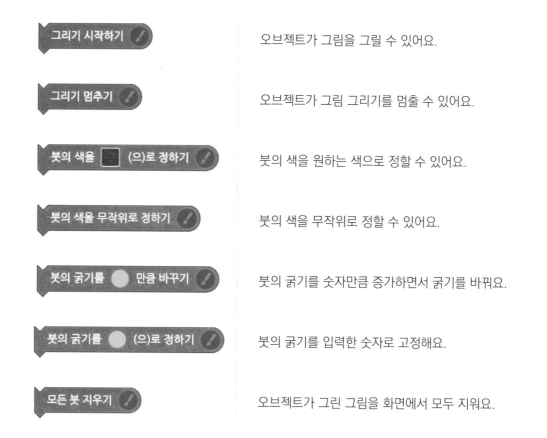

그리기 시작하기 — 오브젝트가 그림을 그릴 수 있어요.

그리기 멈추기 — 오브젝트가 그림 그리기를 멈출 수 있어요.

붓의 색을 (으)로 정하기 — 붓의 색을 원하는 색으로 정할 수 있어요.

붓의 색을 무작위로 정하기 — 붓의 색을 무작위로 정할 수 있어요.

붓의 굵기를 만큼 바꾸기 — 붓의 굵기를 숫자만큼 증가하면서 굵기를 바꿔요.

붓의 굵기를 (으)로 정하기 — 붓의 굵기를 입력한 숫자로 고정해요.

모든 붓 지우기 — 오브젝트가 그린 그림을 화면에서 모두 지워요.

2. 프로젝트 살펴보기

'데칼코마니'란 '복사하다'와 '편집하다'라는 프랑스어에서 유래한 미술 방식으로 그림물감을 칠한 뒤 다른 종이를 덮어놓고 위에서 누르거나 문질러 똑같은 무늬가 생기게 하는 기법을 의미해요. 우리도 재미있는 데칼코마니 요술연필을 코딩하고 마음껏 그림을 그려 볼까요?

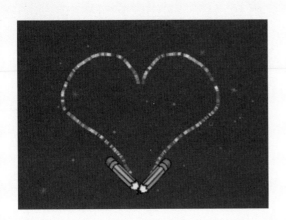

작품을 QR코드로 살펴볼 수 있어요.

활동 1　오브젝트 움직임 관찰하기

동영상을 보면서 오브젝트의 움직임을 관찰하고 내용이 맞으면 ○, 틀리면 ×표시를 하세요.

- 2개의 연필은 좌우 반대 방향으로 움직여요.　　　　　　　(　　)

- 2개의 연필은 상하 반대 방향으로 움직여요.　　　　　　　(　　)

- 연필이 움직이면 그림을 그릴 때마다 색깔이 바뀌어요.　　　(　　)

- 위아래 화살표 키를 사용하면 연필 그림의 굵기를 바꿀 수 있어요.　(　　)

단계별 스토리 이해하기

다음 〈보기〉를 참고하여 버튼과 키보드 입력에 따라 바뀌는 오브젝트들의 동작을
완성해 보세요.

〈보기〉

▶ 요술연필 　▶ 마우스포인터 　▶ 얇게 　▶ 굵게

요술연필

▶ 버튼을 누르면	1 키를 누르면	↑ 키를 누르면	↓ 키를 누르면	키를 누르면
펜 굵기를 3으로 정해요.	( )을(를) 따라 움직이며 그림을 그려요. 움직일 때마다 색깔을 무작위로 바꿔요.	펜 굵기를 ( ) 바꿔요.	펜 굵기를 ( ) 바꿔요.	그림을 모두 지워요.

따라쟁이

1 키를 누르면	키를 누르면
( )을(를) 따라 움직이며 데칼코마니처럼 그림을 그려요. 움직일 때마다 색깔을 무작위로 바꿔요.	그림을 모두 지워요.

3. 프로젝트 코딩하기

chapter07.ent 파일을 불러오세요.

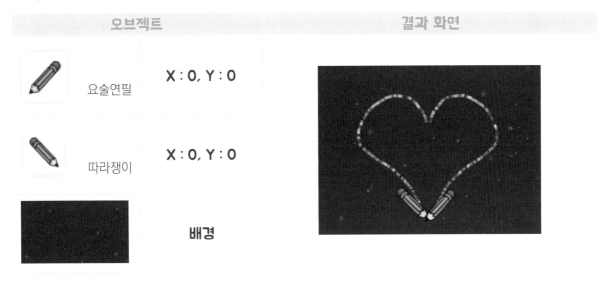

오브젝트		결과 화면
요술연필	X : 0, Y : 0	
따라쟁이	X : 0, Y : 0	
	배경	

☞ 요술연필과 따라쟁이 오브젝트가 서로 마주보고 있는 것을 확인하세요.

☞ 따라쟁이 오브젝트는 요술연필 코딩을 완성한 후 코드를 복사해, 붙여넣기해요.

☞ 요술연필 오브젝트에 코딩할 동안 따라쟁이 오브젝트를 화면에서 숨겨요.

7강

💡 Tip 오브젝트 숨기기

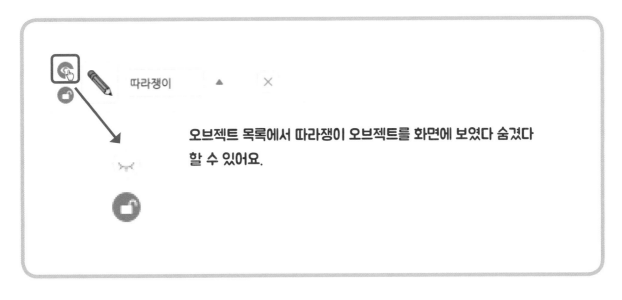

오브젝트 목록에서 따라쟁이 오브젝트를 화면에 보였다 숨겼다 할 수 있어요.

코딩 미션 1 키를 누르면 요술연필이 마우스를 따라다니며 그림을 그려요.

오브젝트	조건

① 키를 눌렀을 때 그림을 그리기 시작하고 붓의 색을 무작위로 바꿔요.

② 요술연필이 마우스를 계속 따라다녀요.

〈사용 블록〉

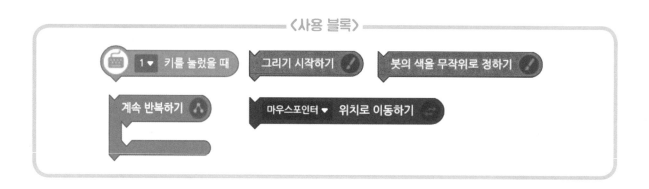

코딩 미션 2 키를 누르면 화면을 모두 지워요.

오브젝트	조건

① 키를 누르면 화면의 그림을 모두 지워요.

〈사용 블록〉

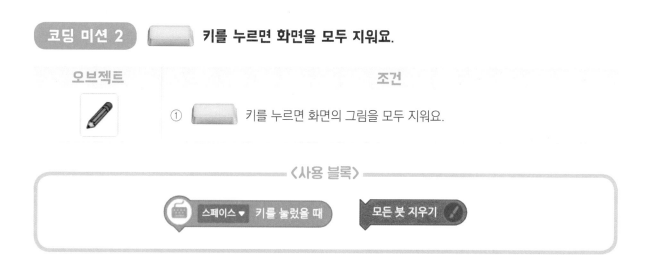

코딩 미션 3 ↑, ↓ **화살표 키를 이용하여 연필의 굵기를 조절해요.**

오브젝트	조건
	① 굵기 변수를 만든후 ▶ 버튼을 클릭하면 변숫값을 3으로 초기화해요. ② ↑ 키를 누를 때마다 연필의 굵기를 1씩 증가시켜요. ③ ↓ 키를 누를 때마다 연필의 굵기를 1씩 감소시켜요.

─〈사용 블록〉─

> ▶ 시작하기 버튼을 클릭했을 때　　굵기 ▼ 에 ◯ 만큼 더하기 ?
>
> 굵기 ▼ 값　　붓의 굵기를 ◯ (으)로 정하기 ✏　　⌨ q ▼ 키를 눌렀을 때

 **미션 이해하기**

↑ 키와 ↓ 키를 누를 때마다 굵기에 변화를 주려면 값을 어떻게 입력해야 할까요?

요술연필 오브젝트의 코드를 복사해 세로 대칭으로 움직이는 따라쟁이
오브젝트를 완성해요.

오브젝트   조건

① 따라쟁이 오브젝트를 화면에 보이게 해요.

② 요술연필 오브젝트 코드를 복사해 따라쟁이에게 붙여넣어요.

③ 따라쟁이가 요술연필과 세로 대칭으로 움직이도록 X 좌표와 Y 좌표를 바꿔요.

〈사용 블록〉

 미션 이해하기 1

오브젝트끼리 코드를 복사하고 붙여넣어 볼까요?

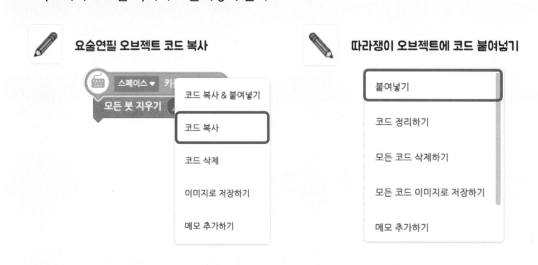

다음 그림에서 A, B에 알맞은 값은 각각 얼마일까요? (A :　　　　　B :　　　　　)

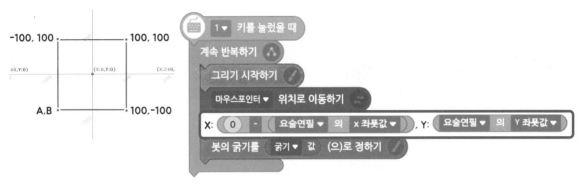

요술연필과 따라쟁이 오브젝트가 세로 대칭으로 움직이려면 Y 좌표는 똑같고 X 좌표는 방향이 서로 반대가 되어야 해요.

이를 위해서는 블록을 이용해 X 좌표를 바꿔 줘야 해요.

생각 더하기

가로 대칭으로 그림을 그리는 프로젝트를 코딩해 볼까요?
오브젝트의 모양을 각각 황금사과와 빨간사과로 바꿔 주세요.
황금사과와 빨간사과가 가로 대칭으로 움직이려면 빨간사과의 X, Y 좌표를 어떻게 바꿔야 할까요?

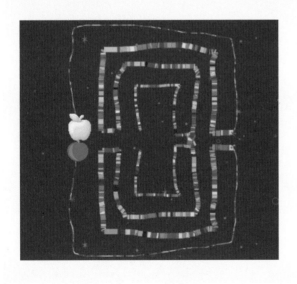

작품을 QR코드로 살펴볼 수 있어요.

 힌트

✓ 데칼코마니 요술연필 프로젝트에서 세로 대칭으로 그림을 그리기 위해 어떤 좌표의 방향을 바꿨는지 기억하고 가로로 대칭되는 그림을 그리려면 어떻게 블록을 결합해야 하는지 잘 생각해 보세요.

MEMO

꿀단지 채우기

색종이를 작게 접어 가위로 모양을 내고 펼치면 정말 멋진 눈꽃 모양이 완성돼요. 에코는 눈꽃 모양을 만들기 위해 다음과 같이 색종이를 접어 종이를 준비하고 다음 도안대로 모양을 만들었어요.
색종이 도안과 완성되는 눈꽃 모양을 바르게 연결해 볼까요?

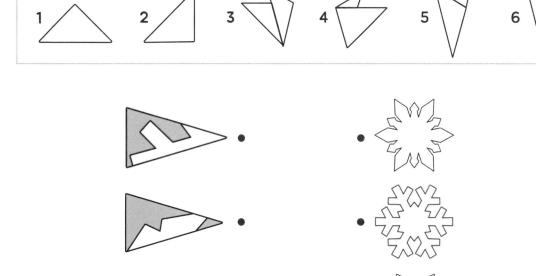

1. 무엇을 배울까요?

- 도장찍기 블록으로 오브젝트를 도장 찍어 표현할 수 있다.
- 다른 오브젝트를 복제하는 방법을 알고 복제본을 제어할 수 있다.

다른 오브젝트 복제하기

자신의 복제본 만들기 블록으로 자신이 아닌 다른 오브젝트를 복제할 수 있어요.
복제하고자 하는 오브젝트의 이름을 선택하여 다른 오브젝트를 복제해요.
자신이 원하는 특정한 때에 다른 오브젝트를 복제하기 위해 사용해요.

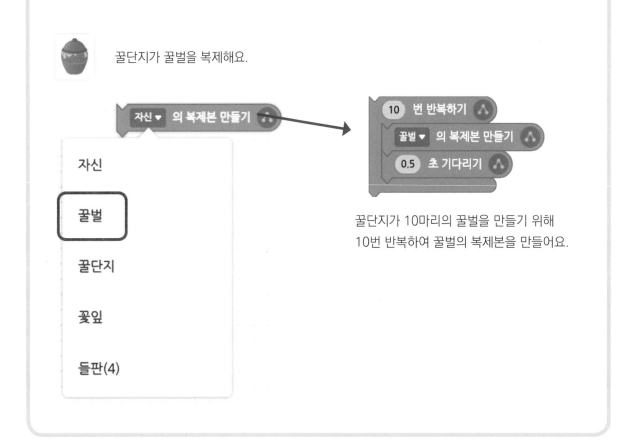

꿀단지가 꿀벌을 복제해요.

꿀단지가 10마리의 꿀벌을 만들기 위해
10번 반복하여 꿀벌의 복제본을 만들어요.

2. 프로젝트 살펴보기

마우스를 클릭한 곳에 예쁜 꽃이 피어요. 꿀벌은 꿀단지를 채우기 위해 꽃을 찾아다니며 꽃꿀을 모으고 있어요. 꿀단지가 완성되면 어떤 일이 일어날까요?

작품을 QR코드로 살펴볼 수 있어요.

활동 1 **오브젝트 움직임 관찰하기**

동영상을 보면서 오브젝트의 움직임을 관찰하고, 관찰한 내용이 맞으면 ○, 틀리면 ×표시를 하세요.

- 꿀단지는 마우스를 클릭할 때마다 커져요.　　　　　　(　　)

- 꿀벌은 마우스 포인터 쪽으로 계속 날아다녀요.　　　　(　　)

- 마우스를 클릭하면 꽃잎이 3장인 꽃 모양을 찍어요.　　(　　)

- 꽃송이 수가 10이 되면 꿀벌들이 꿀단지로 모여들어요.　(　　)

동영상을 보고 장면들의 순서를 적어 보세요.

▶ 버튼을 클릭하면 꽃송이 수는 0에서 시작, 꿀벌이 실행 방법을 말하고 날갯짓하고 있어요.

꿀벌은 마우스 포인터를 따라 날아다녀요.

복제된 꿀벌들은 꿀단지 쪽으로 날아오고 프로젝트가 멈춰요.

꽃송이 수가 10이 되면 꿀단지가 점점 커지면서 나타나고 꿀벌을 10마리 복제해요.

꽃잎은 마우스 포인터를 따라다니다가 마우스를 클릭하면 꽃 모양으로 도장을 찍어요. 꽃송이 수는 1이 늘어요.

(ㄱ) → (ㄴ) → (　) → (　) → (　)

3. 프로젝트 코딩하기

chapter08.ent 파일을 불러오세요.

오브젝트		결과 화면

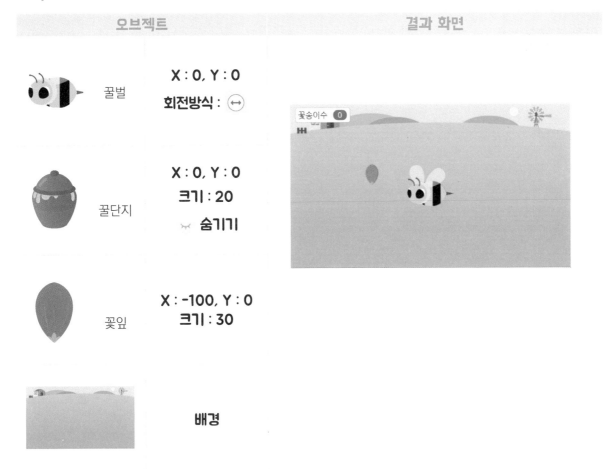

꿀벌	X : 0, Y : 0 회전방식 : ↔	
꿀단지	X : 0, Y : 0 크기 : 20 숨기기	
꽃잎	X : -100, Y : 0 크기 : 30	
	배경	

☞ 꿀벌의 모양이 2개인 것을 확인하세요.

☞ 꿀단지가 숨기기 상태인 것을 확인하세요.

▶ 버튼을 클릭했을 때 꿀벌이 날아다니는 모습을 표현하세요.

오브젝트 조건

① 프로젝트를 시작하면 꽃송이 수 변수를 만들고 0으로 초기화해요.

② "마우스를 클릭하면 예쁜 꽃이 피어요"라고 실행 방법을 2초 동안 말하고 "10개의 꿀꿀을 따면 꿀단지 완성!"을 2초 동안 말해요.

③ 꿀벌이 0.1초마다 모양을 바꿔 날고 있는 모양이 되게 해요.

〈사용 블록〉

 미션 이해하기

꽃송이수 ▼ 값 은 왜 필요할까요?

마우스를 클릭하면 꽃잎이 꽃 모양으로 도장을 찍어요. 그때마다 **꽃송이 수**는 1씩 증가해 몇 송이의 꽃을 만들었는지 알 수 있어요. 꽃송이 수가 10이 되어야 꿀단지가 완성되므로 꿀단지를 완성하려면 꽃송이 수가 필요해요.

꽃송이 수 값을 0으로 초기화하기

① 속성 탭의 기본값으로 초기화하기

② 블록으로 초기화하기

①로 기본값을 정해 놓으면 ②의 블록을 사용하지 않아도 돼요.

코딩 미션 2 꿀벌은 마우스 포인터를 따라 날아다녀요.

오브젝트   조건

① 꿀벌은 마우스 포인터 쪽을 보고 있어요.
② 꿀벌과 마우스 포인터와의 거리가 10보다 크면 10만큼씩 움직여요.

───────〈사용 블록〉───────

만일 참 이라면 ◇   이동 방향으로 ◯ 만큼 움직이기 ⟲   ⬡ 쪽 바라보기 ⟲

◯ > ◯   마우스포인터 ▼ 까지의 거리

 미션 이해하기

왜 마우스 포인터까지의 거리가 10보다 크면 꿀벌이 움직이게 코딩하나요?

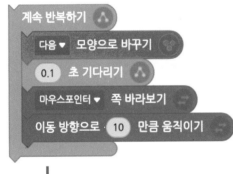

왼쪽 블록을 실행시켜보세요.
마우스 포인터의 위치에 꿀벌이 있을 때 꿀벌이 계속 방향을
바꾸며 움직여요.
꿀벌이 마우스 포인터와 가까워지면 더는 움직이지 않도록
조건문을 사용해요.

계속 반복하기 ⋀
다음 ▼ 모양으로 바꾸기 🔁
0.1 초 기다리기 ⋀
마우스포인터 ▼ 쪽 바라보기 ⟲
만일 **마우스포인터까지의 거리가 10보다 크다면**
이동 방향으로 10 만큼 움직이기 ⟲

8강

코딩 미션 3 마우스 포인터로 클릭한 곳에 꽃잎 도장을 찍어 한 송이 꽃 모양을 완성해요.

오브젝트   조건

① 꿀벌이 말하는 4초 동안 기다려요.

② 꽃잎은 마우스 포인터의 위치에 있다가 마우스를 클릭하면 클릭한 위치에 4번 반복하여 도장을 찍어요.

③ 꽃 모양을 만들기 위해 도장을 찍을 때마다 꽃잎을 회전시키고 0.1초 기다려요.

④ 도장 찍기가 끝나면 꽃송이 수를 1 증가시켜요.

〈사용 블록〉

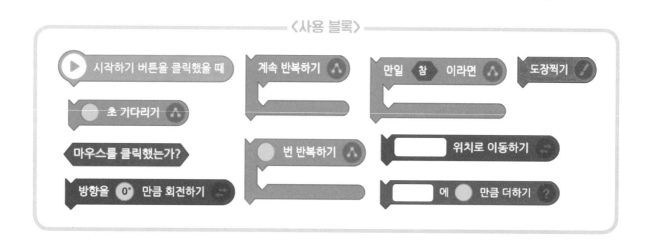

미션 이해하기

꽃잎 오브젝트를 도장 찍어 4장의 꽃잎을 가진 꽃이 도장 찍히게 해요.

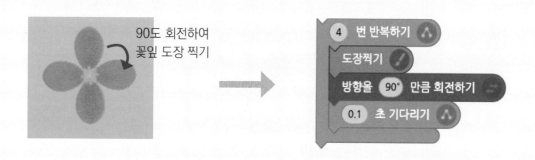

90도 회전하여
꽃잎 도장 찍기

꽃꿀을 다 모으면 꿀단지가 나타나고 꿀벌들을 불러요.

오브젝트

조건

① 꿀단지는 꽃송이 수가 10이 될 때까지 나타나지 않고 기다리고 있어요.

② 꽃송이 수가 10이 되면 숨겼던 꿀단지가 보이고 "꿀단지 완성~ 꿀벌들아 모여라"라고 말해요.

③ 꿀단지가 점점 커지면서 나타나도록 100번 반복하여 꿀단지가 2만큼씩 커져요.

④ 꿀벌들을 불러모으기 위해 0.5초 간격으로 꿀벌을 10마리 복제하고 3초 기다린 후 모두 멈춰요.

〈사용 블록〉

 미션 이해하기

꿀단지가 완성된 후 꿀벌 10마리가 날아오도록 하려면 어떻게 하면 될까요?

꿀단지의 크기가 모두 커지고 난 후 꿀단지가 ┃꿀벌▼ 의 복제본 만들기 ┃ 블록을 10번 반복해서 실행해 꿀벌을 10마리 복제해요.

8강

코딩 미션 5 **꿀벌 10마리가 나타나 꿀단지로 모여들어요.**

오브젝트   조건

① 복제본이 생성되면 꿀벌 오브젝트가 맨 앞으로 보이게 해요.

② X : −240 ~ 240 무작위 위치, Y : 150에서 꿀벌이 나타나 꿀단지 쪽을 보고 있어요.

③ 20번 반복하여 5만큼씩 움직이는데, 움직일 때마다 0.1초 간격으로 모양을 바꿔 꿀벌이 날갯짓해요.

〈사용 블록〉

생각 더하기

꽃잎에 다양한 꽃잎 모양을 추가하여 [   ] 키를 누르면 꽃잎 모양이 바뀌게 해 보세요. 원하는 꽃잎 모양을 그려서 추가해도 좋아요.

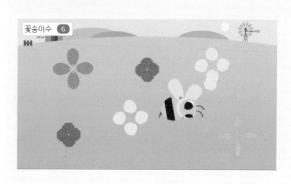

작품을 QR코드로 살펴볼 수 있어요.

힌트

√ 꽃잎에 다른 꽃잎 모양을 추가하세요.

풍선 구구단

다음 숫자가 나열된 별 모양을 잘 보세요.
한 줄에는 4개의 숫자가 놓여 있고, 한 줄에 있는 4개의 숫자를
더한 값은 모든 줄이 같아야 해요.
다음 4개의 숫자로 빈칸을 채워 별 모양을 완성해 볼까요?

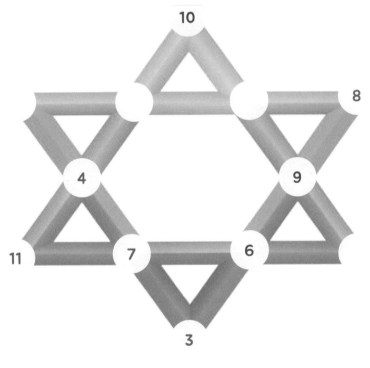

| 1 | 2 | 5 | 12 |

1. 무엇을 배울까요?

- 묻고 답하기 블록으로 사용자의 대답을 입력받고 처리할 수 있다.
- 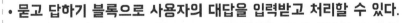 블록의 차이점을 알고 사용할 수 있다.

[신호 보내기]와 [신호 보내고 기다리기]

대상없음 ▼ 신호 보내기 🏳 신호 보내기 🏳 블록을 실행하고 신호 보내기에
연결된 블록이 바로 실행돼요.

대상없음 ▼ 신호 보내고 기다리기 🏳 연결된 블록이 바로 실행되지 않고 신호를 받아 실행하는
블록을 모두 실행할 때까지 기다린 후 연결된 블록이
실행돼요.

수지

▶ 시작하기 버튼을 클릭했을 때

철수 소개하기 ▼ 신호 보내고 기다리기 🏳

안녕! 나는 수지라고 해 을(를) 2 초 동안 말하기 ▼ 👀

철수 소개가
끝나고 실행

▶ 시작하기 버튼을 클릭했을 때

철수 소개하기 ▼ 신호 보내기 🏳

안녕! 나는 수지라고 해 을(를) 4 초 동안 말하기 ▼ 👀

철수 소개와
함께 실행

철수

🐶 철수 소개하기 ▼ 신호를 받았을 때

안녕! 나는 철수라고 해 을(를) 2 초 동안 말하기 ▼ 👀

2. 프로젝트 살펴보기

엔트리봇과 구구단 게임을 해봐요. 화면의 구구단 문제를 잘 보고 답을 입력해 보세요. 입력한 답에 따라 풍선은 어떻게 변할까요?

정답은?

작품을 QR코드로 살펴볼 수 있어요.

활동 1 **오브젝트 움직임 관찰하기**

동영상을 보면서 오브젝트의 움직임을 관찰하고, 관찰한 내용이 맞으면 ○, 틀리면 ×표시를 하세요.

- 구구단 문제의 정답을 맞히면 풍선이 점점 커져요.　　(　　)

- 구구단을 틀리면 풍선이 터져요.　　　　　　　　　(　　)

- 3개의 문제를 틀리면 구구단 게임이 끝나요.　　　(　　)

- 구구단은 2단부터 차례대로 문제가 나와요.　　　(　　)

9강

동영상을 보고 장면들의 순서를 적어 보세요.

ㄱ 입력한 답이 정답이면 "딩동댕"이라고 말하고
오답이면 "땡"이라고 말하고 정답을 알려 줘요.

ㄴ ▶ 버튼을 클릭하면 엔트리봇이 시작 방법을
말하고 구구단 문제의 두 숫자를 정해요.

ㄷ 풍선 3개가 모두 터지면 정답 개수를 알려주고
프로젝트가 끝나요.

ㄹ 정해진 두 숫자로 구구단 문제가 나오면 정답을 입력
하도록 입력창이 나타나요.

ㅁ 오답일 때는 정답을 알려 주고 풍선이 1개 터져요.

(ㄴ) → (   ) → (   ) → (ㅁ) → (   )

3. 프로젝트 코딩하기

chapter09.ent 파일을 불러오세요.

오브젝트		결과 화면

 좋아
엔트리봇
X : 170, Y : -60

 풍선1
X : -80, Y : 80
크기 : 50

 풍선2
X : -140, Y : 80
크기 : 50

 풍선3
X : -200, Y : 80
크기 : 50

 첫 번째 숫자
X : -60, Y : 0
크기 : 50

 두 번째 숫자
X : 60, Y : 0
크기 : 50

 배경

9강

 첫 번째 숫자와 두 번째 숫자의 모양이 각각 9개인 것을 확인하세요.

 풍선의 모양이 4개인 것을 확인하세요.

▶ 버튼을 클릭하면 엔트리봇이 시작 방법을 말하고 구구단 문제의
두 숫자를 정해요.

오브젝트	조건
	① 프로젝트를 시작하면 "구구단 게임을 시작합니다", "오답이면 풍선이 펑~", "풍선이 모두 터지면 구구단 게임 끝~"을 각각 2초씩 말하면서 실행 방법을 알려 줘요. ② 구구단 문제를 만들기 위해 숫자 1과 숫자 2의 변숫값을 1부터 9 사이의 무작위 수로 정해요.

───〈사용 블록〉───

 미션 이해하기

프로젝트에 필요한 변수를 알아볼까요?

변수명	숫자1 ▼ 값	숫자2 ▼ 값	점수 ▼ 값	풍선번호 ▼ 값
왜 사용하나요?	계속 다른 구구단 문제를 내기 위해		정답 수를 기억하기 위해	풍선을 차례대로 터뜨리기 위해
초깃값은 얼마인가요?	필요 없어요		0	1
어떻게 변하나요?	문제를 낼 때마다 1에서 9 사이의 임의의 수로 정하기		정답일 경우 1 증가	풍선이 터지면 1 증가

정해진 두 숫자로 구구단 문제가 나오면 정답을 입력하도록 입력창이 나타나요.

오브젝트	조건
	① 정해진 두 숫자를 화면에 나타내기 위해 '문제출제' 신호를 보내요. ② 구구단 문제의 답을 입력받기 위해 "정답은?"이라고 묻고 기다려요.
1 첫 번째 숫자	① 엔트리봇이 보낸 '문제출제' 신호를 받으면 모양을 정해진 숫자1로 바꿔요.
2 두 번째 숫자	① 엔트리봇이 보낸 '문제출제' 신호를 받으면 모양을 정해진 숫자2로 바꿔요.

〈사용 블록〉

 **블록**

사용자에게 질문하고 대답을 입력받을 수 있도록 해요. 사용자가 대답을 입력할 때까지는 묻고 대답 기다리기에 연결된 블록이 실행되지 않고 기다리고 있어요. 사용자가 입력한 내용은 대답 블록에 들어가요.

 미션 이해하기

첫 번째 숫자, 두 번째 숫자 오브젝트는 1부터 9까지의 숫자 모양을 갖고 있어요.
'문제출제' 신호를 받아 숫자 1, 숫자 2 변수에 설정된 값으로 모양을 바꾸면 구구단 문제가 화면에 표시돼요.

오브젝트   조건

① 대답이 정답이면 점수에 1을 더하고 "딩동댕"을 1초 말해요.

② 정답이 아니면 땡을 1초 말하고 정답을 알려 줘요.

③ 구구단 문제를 계속 내도록 반복해요.

〈사용 블록〉

 미션 이해하기 1

오답일 경우, 정답은 어떻게 말해 줄까요? 다음 그림과 같이 합치기 블록으로 정답을 말해요.

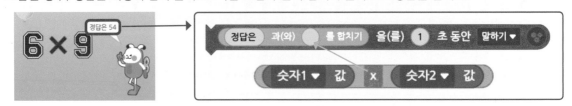

 미션 이해하기 2

구구단 문제를 계속 내기 위해 구구단 문제의 숫자 변숫값을 정하는 것부터 [계속 반복하기] 블록 안에 넣어야 해요.

오답일 경우 풍선 1에 신호를 보내 풍선이 터지게 해요.

오브젝트   조건

① 오답일 경우 '풍선 커져라' 신호를 보낸 후 풍선이 커져서 터질 때까지 기다려요.

풍선1

① '풍선 커져라' 신호를 받았을 때 **풍선번호**의 값이 1이면 놀란 풍선 모양으로 바꿔요.

② 0.2초마다 5만큼 크기 바꾸기를 10번 반복해요.

③ 터지는 풍선 모양으로 바꾸고 0.5초 기다린 후 풍선을 숨겨요.

④ **풍선 번호**를 1 더해 다음 풍선 차례가 되게 해요.

〈사용 블록〉

✏️ **미션 이해하기 1**

오답이면 엔트리봇은 '풍선 커져라' 신호를 풍선에 보내고 바로 새로운 구구단 문제를 내지 않아요.
풍선이 커져서 터질 때까지 기다린 후 다시 문제를 물어봐요.

이렇게 하려면 [풍선커져라 ▼ 신호 보내고 기다리기 🚩] 블록을 사용해야 해요.

 미션 이해하기 2

코딩 미션 5 풍선 2, 3도 오답일 경우 신호를 받아 터지고, 모두 터지면 정답 수를 알려 주고 끝나요.

오브젝트	조건
풍선2	① 풍선1 과 같은 동작을 하도록 스크립트를 작성해요. ② 풍선번호 값이 2일 때 실행되도록 해요.
풍선3	① 풍선 1과 같은 동작을 하도록 스크립트를 작성해요. ② 풍선번호 값이 3일 때 실행되도록 해요. ③ 풍선 3이 터진 후 '게임끝' 신호를 보내요.
	① '게임끝' 신호를 받아 "정답 개수는 몇 개입니다."라고 정답 개수를 알려 줘요. ② 모든 코드를 멈춰 프로젝트를 끝내요.

〈사용 블록〉

☺ ___ 신호를 받았을 때		모든 ▼ 코드 멈추기 ⚙
___ 신호 보내기 ⚑		◯ 과(와) ◯ 를 합치기

📱 **미션 이해하기**

언제 프로젝트가 끝날까요? 풍선 세 개가 모두 터지면 끝나요.

풍선 3이 터지면 그때 '게임끝' 신호를 보내고 그 신호를 엔트리봇이 받아 프로젝트를 끝내요.

풍선 3

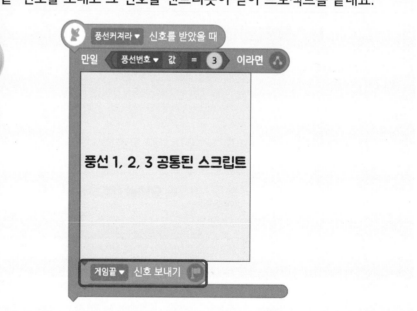

생각 더하기

시간 제한을 주어 30초 동안 구구단 게임을 하고, 30초가 지나면 게임이 끝나고 정답 개수를 알려 주도록 해 보세요. 30초 사이에 풍선이 모두 터지면 게임이 종료될 수 있게 해요.

작품을 QR코드로 살펴볼 수 있어요.

 힌트

　✓ 초시계 블록을 활용해요.

MEMO

바닷속 보물찾기

에코는 암호 보내기를 좋아해요.
오늘은 친구와 만날 약속 시각을 암호로 보냈어요.
암호 해독법은 다음과 같아요.
에코와 친구의 약속 시각은 몇 시일까요?

〈암호 해독법〉

↑	↓	→	←	
① 위쪽으로 한 칸 올라가기	② 아래로 한 칸 내려가기	③ 오른쪽으로 한 칸 이동하기	④ 왼쪽으로 한 칸 이동하기	⑤ 색칠하기

〈암호〉

→ ↓ ↓ ↓ 〜
→ 〜 → 〜 → 〜 ↑ ↑
← 〜 ↓ 〜 ↓ ↓ 〜

시작				

1. 무엇을 배울까요?

- 방향키를 이용하여 오브젝트를 이동시킬 수 있다.
- 미션을 3단계로 나누고 한 단계씩 해결 시 미션이 점점 어려워지게 단계적으로 표현할 수 있다.

코드 멈추기

엔트리 프로그램이 동작하는 중 반복하기를 멈추거나 모든 코드를 멈춰야 하는 경우가 있어요.
이럴 때 코드 멈추기 블록을 사용하는데 어떤 코드를 멈출 것인지에 따라 상황에 맞는 블록을
사용해요. 코드 멈추기는 다음와 같이 다섯 가지 종류가 있어요.

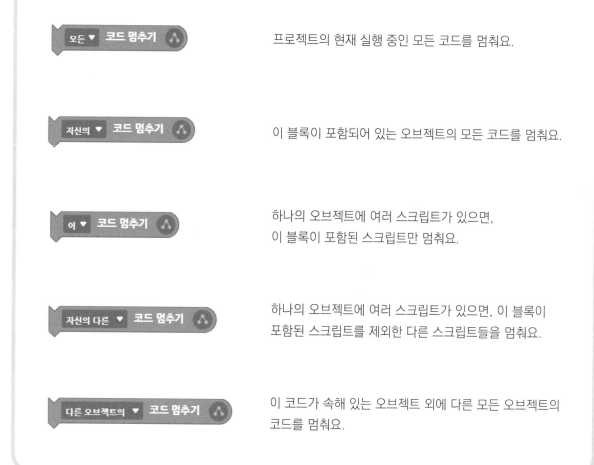

프로젝트의 현재 실행 중인 모든 코드를 멈춰요.

이 블록이 포함되어 있는 오브젝트의 모든 코드를 멈춰요.

하나의 오브젝트에 여러 스크립트가 있으면,
이 블록이 포함된 스크립트만 멈춰요.

하나의 오브젝트에 여러 스크립트가 있으면, 이 블록이
포함된 스크립트를 제외한 다른 스크립트들을 멈춰요.

이 코드가 속해 있는 오브젝트 외에 다른 모든 오브젝트의
코드를 멈춰요.

2. 프로젝트 살펴보기

잠수부가 바닷속 보물을 찾아 나서요. 해적을 피해 보물을 찾을 수 있도록 방향키로 잠수부를 이동시켜 주세요.

속도 2

작품을 QR코드로 살펴볼 수 있어요.

활동 1 **오브젝트 움직임 관찰하기**

동영상 내용을 자세히 살펴보고 오브젝트들의 동작들을 확인하세요.
다음 〈보기〉의 오브젝트 동작 중 프로젝트를 완성하는 데 필요한 동작들을 바르게
묶은 것을 고르세요.

─────────── 〈보기〉 ───────────

ㄱ. 잠수부가 해초에 닿으면 처음 위치로 이동해요.

ㄴ. 잠수부가 해적에 닿으면 프로그램이 종료돼요.

ㄷ. 해적은 색을 바꾸며 계속 왔다갔다 해요.

ㄹ. 총 5단계가 있고 모든 단계를 종료하면 미션을 완료하고 게임이 종료돼요.

ㅁ. 잠수부는 방향키를 누른 쪽으로 이동해요.

① ㄱ, ㄹ   ② ㄱ, ㄷ, ㄹ   ③ ㄴ, ㅁ

④ ㄱ, ㄷ, ㅁ   ⑤ ㄴ, ㄹ

10강

단계별 스토리 이해하기

동영상을 살펴보면 잠수부가 미로 끝에 있는 보물상자에 닿았을 때 다음 단계 보물찾기가 시작돼요. 프로그램이 〈1단계 끝〉에서 〈2단계 시작〉으로 변화될 때 필요한 오브젝트들의 동작에 해당하지 않는 것을 고르세요.

1단계 끝

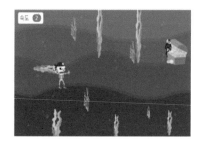

2단계 시작

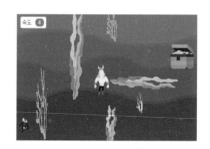

① 해초는 다른 해초 그림으로 바뀌어요.

② 잠수부는 보물찾기 시작 위치로 이동해요.

③ 속도 2 값이 커져요.

④ 괴물은 모양이 바뀌어요.

⑤ 보물상자는 무작위 위치로 옮겨져요.

3. 프로젝트 코딩하기

chapter10.ent 파일을 불러오세요.

오브젝트		결과 화면

 잠수부   X : -210, Y : -117   회전방식 : ↔

 해적   X : 110, Y : -5   회전방식 : ↔

 보물   X : -240, Y : 150

 해초   X : 0, Y : 0

   배경

버튼을 클릭했을 때 잠수부 오브젝트가 방향키로 이동하도록 코딩해 보세요.

오브젝트	조건

① 만약 <kbd>→</kbd> 키를 누르면 오른쪽으로 3만큼 이동해요.

② 만약 <kbd>←</kbd> 키를 누르면 왼쪽으로 3만큼 이동해요.

③ 만약 <kbd>↑</kbd> 키를 누르면 위쪽으로 3만큼 이동해요.

④ 만약 <kbd>↓</kbd> 키를 누르면 아래쪽으로 3만큼 이동해요.

⑤ 이동할 때마다 헤엄치는 것처럼 보이도록 모양을 바꿔요.

〈사용 블록〉

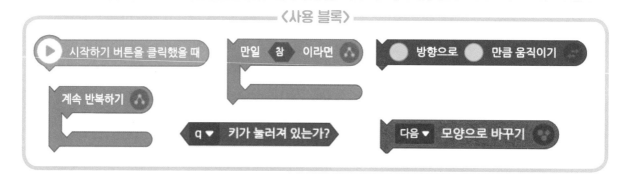

미션 이해하기

만약 <kbd>→</kbd> 키를 누르면 오른쪽으로 3만큼 이동해요.

> 만일 〈 오른쪽 화살표 ▼ 키가 눌러져 있는가? 〉 이라면 ⌄
> 　　오른쪽 방향으로 3만큼 움직이기

오른쪽으로 이동하는 코드는 아래와 같이 여러 가지 방법이 있어요.
세 가지 모두 똑같은 행동을 해요.

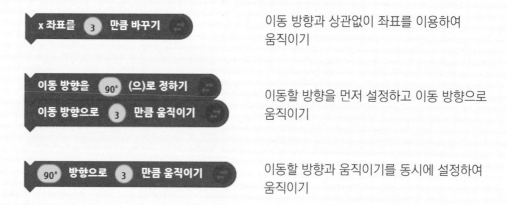

x 좌표를 3 만큼 바꾸기	이동 방향과 상관없이 좌표를 이용하여 움직이기
이동 방향을 90° (으)로 정하기 / 이동 방향으로 3 만큼 움직이기	이동할 방향을 먼저 설정하고 이동 방향으로 움직이기
90° 방향으로 3 만큼 움직이기	이동할 방향과 움직이기를 동시에 설정하여 움직이기

코딩 미션 2 `▶` 버튼을 클릭했을 때 잠수부가 해적에 닿았을 때나 미로에 닿았을 때 처음 위치로 돌아갈 수 있도록 각각 코딩해 보세요.

오브젝트 조건

① 만약 해적에 닿으면 처음 위치로 돌아가요.
② 만약 해초에 닿으면 처음 위치로 돌아가요.

〈사용 블록〉

코딩 미션 3 `▶` 버튼을 클릭했을 때, 오른쪽 왼쪽으로 색깔을 바꾸면서 계속 이동하도록 코딩해 보세요.

오브젝트 조건

① 속도변수 초깃값을 2로 정해요.
② 이동 방향으로 속도변수만큼 계속 이동해요.
③ 색깔 효과를 25만큼 계속 바꿔요.
④ 이동하다가 화면 끝에 닿으면 튕겨요.

〈사용 블록〉

10강

게임이 시작된 후 잠수부가 보물상자를 찾으면 '다음 단계' 신호를 보내도록 코딩해 보세요.

오브젝트 조건

① ▶ 버튼을 클릭했을 때 **보물상자** 모양으로 바꿔요.

② 잠수부에 닿을 때까지 기다려요.

③ 잠수부에 닿으면 '다음단계' 신호를 보내요.

④ '다음 단계'로 넘어가기 전 0.5초 기다려요.

⑤ '다음 단계'로 넘어가도 잠수부에 닿을 때까지 기다릴 수 있도록 '계속 반복하기'를 넣어주세요.

〈사용 블록〉

미션 이해하기

이 게임은 잠수부가 미로를 통과하여 보물을 찾으면 다음 단계로 바뀌어요. 단계가 변해도 보물은 항상 잠수부가 닿을 때까지 기다리게 하려면 어떻게 코딩해야 할까요?

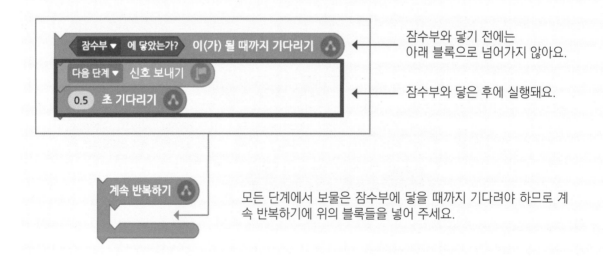

잠수부와 닿기 전에는 아래 블록으로 넘어가지 않아요.

잠수부와 닿은 후에 실행돼요.

모든 단계에서 보물은 잠수부에 닿을 때까지 기다려야 하므로 계속 반복하기에 위의 블록들을 넣어 주세요.

'다음 단계' 신호를 받았을 때 각 오브젝트의 상황에 맞게 코딩해 보세요.

오브젝트	조건
	① 다음 모양으로 바꿔요.
	① 처음 시작 위치로 이동해요.
	① 다음 모양으로 바꿔요. ② 속도변수에 2만큼 더해요.
	① 만약 모양 번호가 3이라면 "모든 레벨 성공!"을 1초 동안 말하고 모든 코드를 멈춰요. ② 모양 번호가 3이 아니라면, 다음 모양으로 바꾸고, "성공, 레벨 업!!"을 2초 동안 말해요.

〈사용 블록〉

 미션 이해하기

보물의 모양 번호로 현재 단계를 알아요.

1단계 = 모양 번호1　　　**2단계 = 모양 번호 2**　　　**3단계 = 모양 번호 3**

모양 번호가 3이라면 마지막 레벨이므로 게임을 종료해요.

모양 번호가 3이 아니라면 다음 모양으로 바꾸고 레벨업 해요.

생각 더하기

미로의 단계가 3단계가 되면 모두 종료됩니다. 미로에 단계를 더 추가해 보세요.

작품을 QR코드로 살펴볼 수 있어요.

 힌트

√ 오브젝트들을 4단계까지 갈 수 있게 더 추가하고, 모든 레벨 성공 조건을 바꿔 보세요.

MEMO

산타의 방 탈출

친구들이 숫자 3개를 맞추는 야구게임을 하고 있어요.
친구들이 말한 3개의 숫자 중, 숫자와 순서가 모두 맞으면 'S',
숫자는 맞고 순서가 틀리면 'B'라고 힌트를 알려 줘요.
맞는 숫자가 없으면 'OUT!' 이에요.
다음 경기 결과를 보고 문제의 마지막 숫자가 무엇인지 맞춰 볼까요?

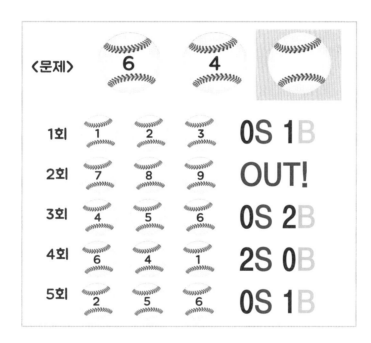

〈문제〉	6	4	?	
1회	1	2	3	0S 1B
2회	7	8	9	OUT!
3회	4	5	6	0S 2B
4회	6	4	1	2S 0B
5회	2	5	6	0S 1B

0　1　2　3　4　5　6　7　8　9

1. 무엇을 배울까요?

- 오브젝트의 모양을 여러 개 추가하고 화면에 복제해 나타나게 할 수 있다.
- 논리연산의 그리고 블록과 ~까지 기다리기 블록을 이용해 산타의 방 탈출 프로젝트를 완성할 수 있다.

논리연산(그리고, 또는)

논리연산은 두 개의 조건에 따라 결괏값을 참과 거짓으로 나타내요.

| A | 그리고 ▾ | B | | A | 또는 ▾ | B |

조건 A와 B가 모두 참이면 결과도 참이고
둘 중 하나라도 거짓이면 그 결과는 거짓이에요.

조건 A와 B 둘 중 하나라도 참이면 결과도 참이고
둘 다 거짓이면 그 결과는 거짓이에요.

논리연산을 좀 더 알아볼까요?

| 지구는 둥글다 | 그리고 | 고래는 포유류다 | : 참 |

| 대한민국 수도는 서울이다 | 그리고 | 우리나라에는 바다가 없다 | : 거짓 |

| 김치는 한식이다 | 그리고 | 3 + 2 = 5이다 | : _____ |

| 3 > 2 | 또는 | 10 = 10 | : 참 |

| 축구는 손으로 하는 운동이다 | 또는 | 농구는 남자만 하는 운동이다 | : 거짓 |

| 해는 서쪽에서 뜬다 | 또는 | 해는 동쪽에서 뜬다 | : _____ |

2. 프로젝트 살펴보기

크리스마스 전날, 드디어 아이들에게 선물을 배달할 시간이에요.
아뿔싸! 그런데 선물을 모두 챙기지 못했네요. 산타가 선물을
챙겨 방을 나갈 수 있도록 여러분이 도와주세요.

작품을 QR코드로 살펴볼 수 있어요.

활동 1   **오브젝트 움직임 관찰하기**

동영상 내용을 자세히 살펴보고 오브젝트들의 동작들을 확인하세요.
다음 〈보기〉의 오브젝트 동작 중 프로젝트를 완성하는 데 필요한 동작들을 바르게
묶은 것을 고르세요.

〈보기〉

ㄱ. 산타는 방에서 선물을 모두 찾으면, 눈 내리는 바깥으로 나가요.

ㄴ. 여기저기 흩어져 있는 선물을 마우스로 클릭하면 산타 가방으로 이동해요.

ㄷ. 선물이 너무 많아 산타가 방을 나갈 수 없어요.

ㄹ. 산타가 선물을 찾을 때마다 선물의 개수가 1씩 증가해요.

ㅁ. 산타가 방 탈출을 할 수 있도록 루돌프가 도와줘요.

① ㄱ, ㄹ, ㅁ   ② ㄱ, ㄷ, ㄹ   ③ ㄴ, ㅁ
④ ㄱ, ㄴ, ㄹ   ⑤ ㄴ, ㄹ

11강

단계별 스토리 이해하기

동영상을 보고 장면들의 순서를 바르게 적어 보세요.

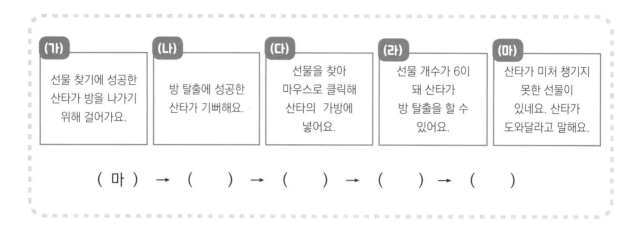

(가) 선물 찾기에 성공한 산타가 방을 나가기 위해 걸어가요.

(나) 방 탈출에 성공한 산타가 기뻐해요.

(다) 선물을 찾아 마우스로 클릭해 산타의 가방에 넣어요.

(라) 선물 개수가 6이 돼 산타가 방 탈출을 할 수 있어요.

(마) 산타가 미처 챙기지 못한 선물이 있네요. 산타가 도와달라고 말해요.

(마) → (　　) → (　　) → (　　) → (　　)

3. 프로젝트 코딩하기

chapter11.ent 파일을 불러오세요.

오브젝트		결과 화면
산타	X : 160, Y : -55	
선물	X : 0, Y : 0	
배경		

☞ 판타지 카테고리에서 산타를 불러오고 이동 방향이 왼쪽을 가리키게 수정해요.

☞ 선물에 어울리는 오브젝트 1개를 불러오고 이름을 선물로 바꾸세요.

☞ 선물 오브젝트의 모양 탭에서 모양 추가하기를 이용해 모양이 6개가 되도록 추가해요.

 Tip **오브젝트 이동 방향 바꾸기**

오브젝트를 선택한 후 노란색의 이동 방향을 왼쪽으로 바꿔요.

 Tip **오브젝트 모양 추가하기**

선물 오브젝트에 모양을 추가해 모양을 다양하게 만들어 보세요.

① [선물] 오브젝트 선택 → [모양] 탭에서 [모양 추가하기] 선택하기

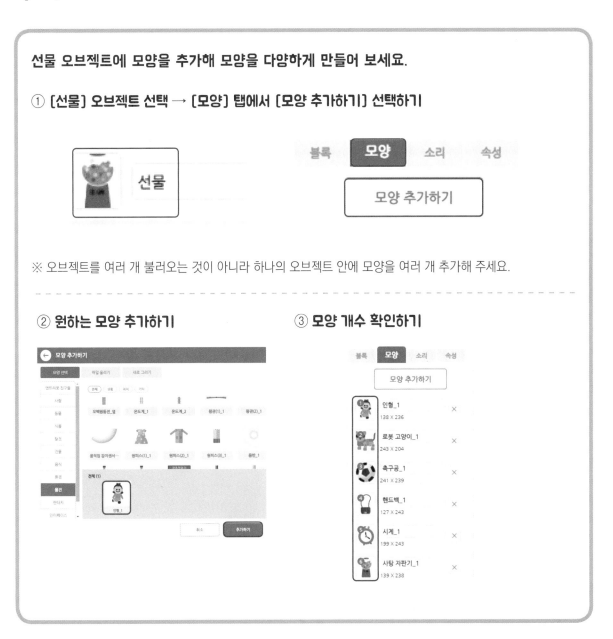

※ 오브젝트를 여러 개 불러오는 것이 아니라 하나의 오브젝트 안에 모양을 여러 개 추가해 주세요.

② **원하는 모양 추가하기**

③ **모양 개수 확인하기**

▶ **버튼을 클릭했을 때 산타가 선물을 찾게 도와달라고 말해요.**

오브젝트 조건

① ▶ 버튼을 클릭했을 때 "선물을 찾아 내가 방 탈출할 수 있게 도와줘~"를
4초 동안 말해요.

─〈사용 블록〉─

▶ 시작하기 버튼을 클릭했을 때   ● 을(를) ● 초 동안 말하기 ▼

코딩 미션 2 **선물 오브젝트를 복제하여 산타의 방 여기저기에 보이도록 코딩해요.**

오브젝트 조건

① ▶ 버튼을 클릭했을 때 선물의 크기를 15로 정해요.
② 오브젝트의 모양을 바꾸며 6개 복제해요.
③ 복제본만 화면에 보이도록 하고 선물 오브젝트는 화면에서 숨겨요.

─〈사용 블록〉─

미션 이해하기

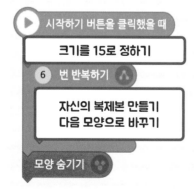

선물 오브젝트의 모양 개수만큼 복제한 후 왜 오브젝트를 숨길까요?

선물 오브젝트의 모양 개수가 6개라면 6개의 복제본에 선물 오브젝트
까지 모두 7개의 모양이 화면에 보여요. 그래서 진짜 오브젝트는 화면
에 숨기고 6개의 복제본만 화면에 보이도록 하는 거예요.

코딩 미션 3 방 여기저기에 흩어져 있는 선물을 마우스로 클릭하면 산타의 선물 가방 안으로 이동해요.

오브젝트

조건

① 선물 개수 변수를 만들고 0으로 초기화해요.

② 선물 복제본이 화면 여기저기에 흩어지도록 무작위로 이동해요.

③ 선물 복제본이 마우스에 닿은 상태에서 클릭 되면 선물 개수를 1만큼 더하고 크기를 30만큼 바꿔요.

④ 선물 복제본이 1초 동안 산타 위치로 이동한 뒤 삭제돼요.

〈사용 블록〉

 참 이(가) 될 때까지 기다리기 **블록**

조건이 참이 될 때까지 기다려요.
조건이 참이 되면 다음 블록이 실행돼요.

✏️ 미션 이해하기

선물 복제본이 마우스 포인터에 닿고 마우스를 클릭할 때까지 기다려요.
두 개의 조건이 모두 참이 되면 다음 블록이 실행돼요.

11강

선물 개수 변수의 값이 6이 되면 산타가 방 탈출을 하려고 걸어나가요.

오브젝트 **조건**

① 선물 개수 변수가 6이 될 때까지 기다려요.

② 선물 개수가 6이 되면 벽에 닿을 때까지 이동 방향으로 20만큼 이동해요.

③ 걸어가는 것처럼 표현하기 위해 모양을 0.1초마다 '산타 2'와 '산타 3'으로 바꿔요.

④ 벽에 닿으면 모양을 숨기고 배경을 바꾸기 위해 '배경바꾸기' 신호를 보내요.

〈사용 블록〉

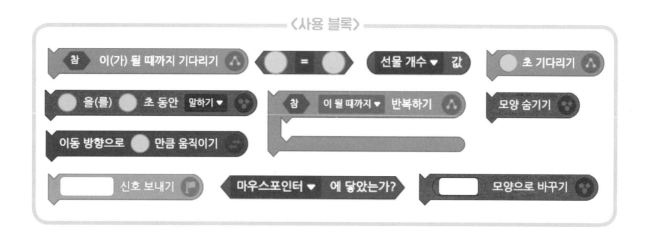

📱 **미션 이해하기**

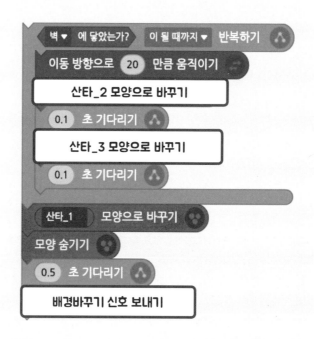

오브젝트   조건

① 버튼을 클릭하면 크리스마스 집안 모양으로 바꿔요.

② 배경 바꾸기 신호를 받으면 눈오는 날 모양으로 바꿔요.

① 배경 바꾸기 신호를 받으면 원래 위치로 이동해요.

② 산타 1 모양으로 바꾼 후 모양을 보여요.

③ "방 탈출 성공!"을 2초 동안 말해요.

〈사용 블록〉

생각 더하기

아기병아리가 먹이를 먹으면 몸집이 점점 커져요. 먹이를 많이 먹어서 크기가 150보다 커지면
"우와~배부르다!"를 2초동안 말하고 프로그램이 끝나도록 코딩해 보세요.

작품을 QR코드로 살펴볼 수 있어요.

 힌트

✓ 병아리가 검은콩과 씨앗 둘 중 하나에 닿았을 때 크기가 점점 커지게 하려면

〈 참   또는 ▼   거짓 〉 이 필요해요.

✓ 크기가 일정값 이상되면 프로그램이 종료될 수 있도록 조건을 추가해 보세요.

11강

곤충 사냥

투석기의 원리를 이용해 새를 날려 목표물에 맞추는 게임을 만들려고 해요. 새를 발사대 끝에 두고 발사대를 움직이면 새를 원하는 곳에 보낼 수 있어요.

여러 번 실험한 결과, A 위치에 있는 발사대를 B 위치로 옮겨야 새가 가장 널리 날아가네요. 발사대를 움직이려면 어떤 코딩 블록을 사용해야 할까요?

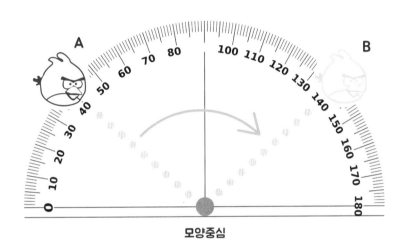

모양중심

① x 좌표를 100 만큼 바꾸기

② 이동 방향으로 100 만큼 움직이기

③ y 좌표를 100 만큼 바꾸기

④ 방향을 100° 만큼 회전하기

1. 무엇을 배울까요?

- 방향키로 오브젝트 이동 방향을 선택할 수 있다.
- 코드 멈추기를 이용하여 오브젝트의 스크립트 일부를 종료시킬 수 있다.

오브젝트 이동 방향

엔트리의 오브젝트에는 방향과 이동 방향이 있어요. 이 두 개가 어떻게 다른지 한번 알아볼까요?

오브젝트의 방향을 변경시켜 보면 다음과 같이 이동해요.
방향은 오브젝트 상단의 노란색 원형으로 표시되고 오브젝트의 기본 방향은 0도에요.
방향을 움직이면 오브젝트가 회전하고 이동 방향은 오브젝트의 방향을 기준으로 하므로
90도 방향을 유지해요.

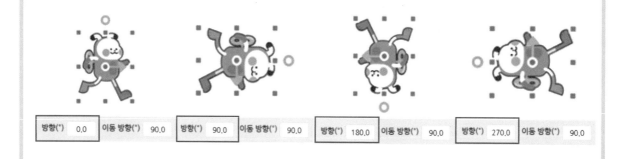

이번엔 이동 방향을 변경시켜 보면 어떻게 이동할까요?
이동 방향은 실제로 오브젝트가 이동할 방향을 나타내요. 노란색 화살표로 나타내며 기본은
90도에요. 이동 방향을 변경해도 오브젝트의 방향은 변하지 않아요.

이처럼 오브젝트를 회전시키고 싶을 때는 방향, 오브젝트가 이동하는 방향을 변경하고 싶을 때는
이동 방향을 변경시켜요.

2. 프로젝트 살펴보기

하늘에 곤충이 날아다니고 있어요. 곤충이 날아가는 방향에 맞춰 그물을 쏘아 올려 곤충을 잡으려 해요. 10마리를 잡아 게임을 성공시켜 보세요.

작품을 QR코드로 살펴볼 수 있어요.

활동 1　**오브젝트 움직임 관찰하기**

동영상 내용을 자세히 살펴보고 오브젝트들의 동작들을 확인하세요.
다음 〈보기〉의 오브젝트 동작 중 프로젝트를 완성하는 데 필요한 동작들을
모두 묶은 것을 고르세요.

〈보기〉

ㄱ. 곤충은 항상 같은 방향으로 날아가요.

ㄴ. 발사된 그물은 날아가면서 점점 커져요.

ㄷ. 그물에 곤충이 닿으면 곤충은 "으악"이라고 말해요.

ㄹ. 10점이 되면 게임이 종료돼요.

ㅁ. 곤충이 잡힌 후에 다시 나타날 때 아무 곳에서나 나타나요.

① ㄱ, ㄹ, ㅁ　　　　② ㄱ, ㄷ, ㄹ　　　　③ ㄴ, ㅁ
④ ㄱ, ㄴ, ㄹ　　　　⑤ ㄴ, ㄹ

그물은 곤충을 잡았을 때 점수에 따라 다른 동작을 하도록 코딩해야 해요.
(가)에 들어갈 수식은 무엇일까요?

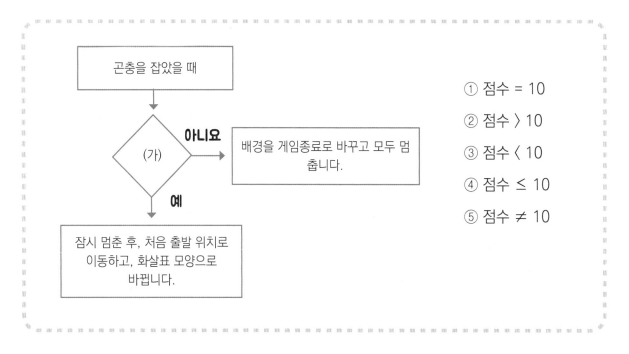

3. 프로젝트 코딩하기

chapter12.ent 파일을 불러오세요.

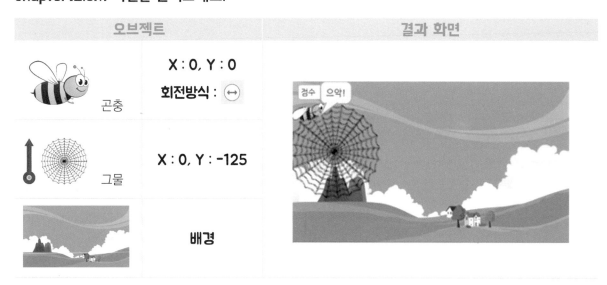

키를 눌렀을 때, 방향을 오른쪽으로 회전하고, 키를 눌렀을 때 방향을 왼쪽으로 회전하게 해 주세요.

오브젝트   조건

① [▶] 버튼을 클릭했을 때, 이동 방향을 0도로 정해요.

② 키를 눌렀을 때, 방향을 5도만큼 회전해요.

③ 키를 눌렀을 때, 방향을 – 5도만큼 회전해요.

〈사용 블록〉

 미션 이해하기

이동 방향 또는 방향을 정할 때는 블록에서 직접 입력하거나 다음과 같이 방향을 직접 돌려 입력해요.

코딩 미션 2 ► 버튼을 클릭했을 때, 곤충이 계속 날아가도록 코딩하세요.

오브젝트   조건

① 이동 방향을 90도에서 − 90도 사이의 무작위 방향으로 정해요.

② 계속 이동 방향으로 10만큼 움직이면서 다음 모양으로 바꿔요.

③ 모양을 볼 수 있게 0.1초 기다려요.

④ 이동 중에 화면 끝에 닿으면 튕기게 해요.

〈사용 블록〉

코딩 미션 3   키를 눌렀을 때, 그물이 벽까지 날아가도록 코딩해 보세요.

오브젝트   조건

① 키를 눌렀을 때, 그물 모양으로 모양을 바꿔요.

② 모양을 바꾼 후, 벽에 닿을 때까지 반복해 이동 방향으로 5만큼 움직이면서 크기를 5만큼 바꿔요.

③ 벽에 도착한 후 0.5초 기다리고 처음 위치로 이동해요.

④ 크기를 원래 크기인 30으로 정하고, 모양을 다시 화살표로 바꿔요.

〈사용 블록〉

미션 이해하기

그물이 벽에 닿을 때까지만 이동하며 커지게 하려면 어떻게 해야 할까요?

코딩 미션 4 곤충이 날아다니다가 그물에 닿으면 '잡았다' 신호를 보내고, 처음 위치로 돌아
가도록 코딩해 보세요.

오브젝트   조건

① 2단계에 이어 코딩합니다. 곤충이 계속 움직이다가 만약 그물에 닿았다면, 점수를
   1만큼 바꿔주고 '잡았다' 신호를 보내요.
② "으악"을 0.5초 동안 말하고, 처음 위치로 이동해요.
③ 이동 후, 이동 방향을 90에서 – 90 사이의 무작위 방향으로 바꿔요.

〈사용 블록〉

'잡았다' 신호를 받으면, 점수를 확인해요. 만약 점수가 **10점보다 작으면** 처음 위치로 이동하고, **10점이 되었다면** 게임을 종료하세요.

오브젝트	조건
	① '잡았다' 신호를 받았을 때, 만약 점수가 10보다 작으면 그물이 이동하는 스크립트를 멈춘 후 0.5초 기다려요. ② 처음 위치로 이동하고 크기는 30, 모양은 '화살표' 모양으로 바꿔주세요. ③ 만약 **점수가 10보다 작지** 않다면, '게임오버' 신호를 보내고 모양을 숨겨요.
	① '게임오버' 신호를 받았을 때 모양을 게임오버 모양으로 바꿔요. ② 모양을 바꾼 뒤, 모든 코드 멈추기를 해요.

〈사용 블록〉

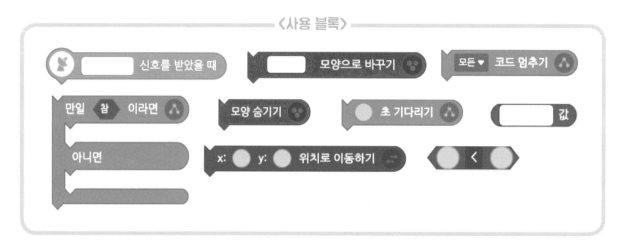

 미션 이해하기

그물은 스페이스 키를 누르면 벽에 닿을 때까지 계속 이동해요. 만약 곤충을 잡았다면 더는 이동하지 않아야 해요.
'잡았다' 신호를 받았을 때 어떻게 하면 그물을 더는 이동하지 않게 할 수 있을까요?

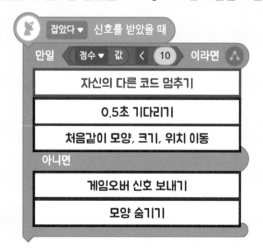

곤충을 잡았을 때, 그물이 더는 이동하지 않도록
자신의 다른 코드 멈추기를 해요.

이렇게 하면, 벽에 닿을 때까지 계속 이동하는 코드가
멈춰요.

 생각 더하기

곤충에 벌만 있어요. 다른 곤충을 추가해서 무작위로 여러 곤충이 나오게 하려면
어떻게 해야 할까요?

QR코드로 작품을 살펴볼 수 있어요.

 힌트

✓ 곤충에 모양을 추가해 보세요. 단, 날아가는 모습의 벌은 두 가지 모양이 있어요.

✓ 곤충 모양을 하나씩만 등록하여 무작위로 나오게 해주세요.

(날아가는 모양은 표현하지 않으니 다음 ▼ 모양으로 바꾸기 🐝 코드는 삭제하세요.)

MEMO

12강

생각팡팡 코딩교실
with 엔트리

예제 단원

비밀번호 찾기

오브젝트의 중심점을 기준으로 모양을 회전시키면 회전 방향과 횟수에 따라 다양한 모습을 표현할 수 있어요. (가)와 같은 화살표를 30도 회전하면 (나)의 모양이 돼요.

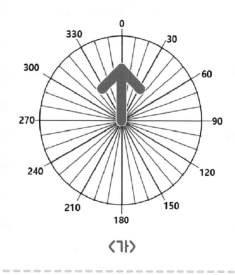

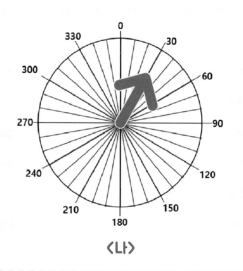

〈가〉   〈나〉

Q 〈가〉 상태에서 30도 회전을 5번 반복했을 때의 모양을 빈칸에 그려 보세요.

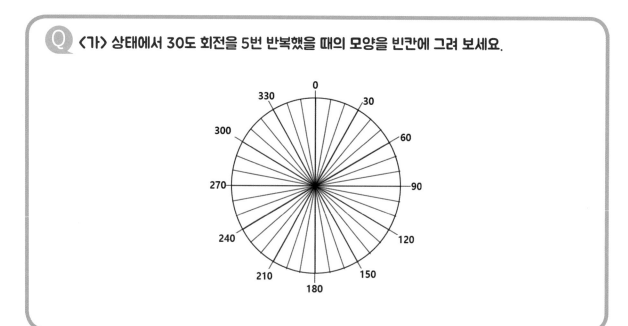

프로젝트 살펴보기

출입문의 비밀번호를 잊어버려 집에 못 들어가는 경우가 자주 생겨서 비밀번호를 알려주는 나만의 비밀탐정 시스템을 만들었어요. 다음 오브젝트들을 활용하여 동영상처럼 동작하는 비밀탐정 엔트리 프로그램을 완성하세요.

example01.ent 파일을 불러오세요.

오브젝트

비밀탐정   X : 0, Y : 0

비밀번호   X : 0, Y : 0

기본 배경

결과 화면

마우스를 움직이면 비밀번호가 보여

대답 **0**

QR코드로 작품을 살펴볼 수 있어요.

1단계   오브젝트 관찰하기

동영상의 내용을 자세히 살펴보고 오브젝트들의 동작들을 확인해요. 다음 〈보기〉의 오브젝트 동작 중 프로젝트를 완성하는 데 필요한 동작들을 모두 바르게 묶은 것을 고르세요.

─── 〈보기〉 ───

ㄱ. 를 누르면 비밀번호를 입력할 수 있어요.

ㄴ. 비밀탐정 오브젝트는 움직이면서 비밀번호가 있는 부분에 흔적을 남겨요.

ㄷ. 비밀탐정 오브젝트는 키보드 방향키에 따라 움직여요.

ㄹ. 잘못된 답을 입력하면 비밀탐정의 흔적이 모두 지워져요.

ㅁ. 비밀번호를 맞히면 비밀탐정의 흔적이 모두 지워져요.

① ㄱ, ㅁ   ② ㄴ, ㄹ   ③ ㄴ, ㅁ
④ ㄱ, ㄴ, ㄷ   ⑤ ㄱ, ㄷ, ㄹ

동영상의 내용처럼 비밀탐정 오브젝트는 비밀번호의 힌트를 제공하고 있어요. 비밀탐정의 동작을 다음과 같은 흐름도로 표현해 봤어요. 이 그림을 완성하기 위해 (가)에 들어갈 질문으로 알맞은 것을 골라 보세요.

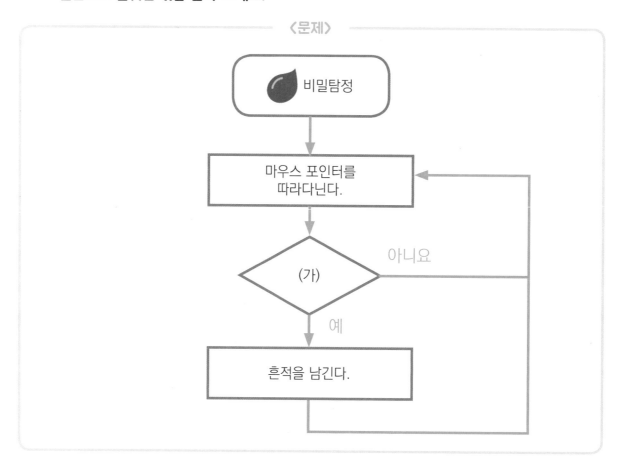

① 마우스 포인터에 닿았는가?

② 비밀번호 오브젝트의 색깔이 바뀌었는가?

③ 벽에 닿았는가?

④ 비밀번호 오브젝트에 닿았는가?

⑤ 키보드 키를 입력했는가?

3단계 코딩하기

코딩 미션 1 ▶ 버튼을 클릭하면 비밀번호가 화면에서 사라지도록 코딩하세요.

오브젝트 조건

① ▶ 버튼을 클릭하면 '자물쇠_닫힘' 모양으로 바꿔요.

② 다른 오브젝트가 설명하는 동안 4초 동안 기다려요.

③ 비밀번호가 화면에 완전히 보이지 않도록 투명도 효과를 정해요.

④ 모양을 현관번호로 바꿔요.

〈사용 블록〉

코딩 미션 2 ▶ 버튼을 클릭하면 비밀탐정의 크기를 조그맣게 코딩하세요.

오브젝트 조건

① ▶ 버튼을 클릭하면 화면을 모두 지워서 깨끗하게 만들어요.

② 비밀탐정 오브젝트의 크기를 30%로 정하여 작게 만들어요.

③ "마우스를 움직이면 비밀번호가 보여"를 2초간 말해요.

④ " a 키를 눌러 비밀번호를 입력해"를 2초간 말해요.

〈사용 블록〉

비밀탐정 오브젝트가 마우스 포인터를 따라 움직이다 비밀번호에 닿으면
화면에 흔적을 남기도록 코딩하세요.

오브젝트 조건

① 비밀탐정은 마우스 포인터 위치로 움직여요.

② 이동하다가 비밀번호에 닿으면 도장을 찍어 흔적을 남겨요.

③ ①, ② 과정을 계속 반복해요.

〈사용 블록〉

코딩 미션 4 키를 누르면 비밀번호를 입력하고, 맞았는지 틀렸는지 확인할 수 있도록
코딩하세요.

오브젝트 조건

① 키를 누르면 "비밀번호를 찾았니?"라고 묻고 기다려요.

② 만약 비밀번호와 대답이 같다면 '자물쇠풀기' 신호를 보내요.

③ 그렇지 않으면 "다시 찾아봐!"를 2초간 말해요.

〈사용 블록〉

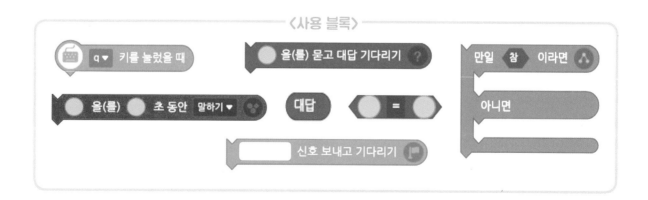

코딩 미션 5 '자물쇠풀기' 신호를 받으면 자물쇠를 풀고 집에 들어가도록 코딩하세요.

〈사용 블록〉은 중복하여 사용할 수 있으며, 제시한 〈사용 블록〉 외 다른 블록들도 자유롭게 사용할 수 있어요.

오브젝트	조건

① '자물쇠풀기' 신호를 받으면 비밀번호 오브젝트가 화면에 보이도록 그래픽 효과를 지워요.

② 비밀번호 오브젝트를 '자물쇠_열림' 모양으로 바꾸고 "맞았어! 자물쇠를 풀었어"를 2초간 말해요.

③ 30도 회전하는 과정을 반복하여 자물쇠가 한 바퀴 회전하게 해요.

④ 모양을 '집' 모양으로 바꾸고 또다시 30도 회전하는 과정을 반복하여 한 바퀴 회전해요.

⑤ "집에 온 것을 환영해!"라고 2초간 말하고 프로그램을 모두 멈춰요.

① '자물쇠풀기' 신호를 받았을 때 화면에 남아 있는 도장을 모두 지워요.

〈사용 블록〉

MEMO

예제 2

숨은 동물 찾기

QUIZ? 퀴즈?

엔트리 프로그램에서 다음과 같은 세 가지 모양의 오브젝트를 사용하고 있어요. 오브젝트들의 가로, 세로 크기는 모두 같아요.

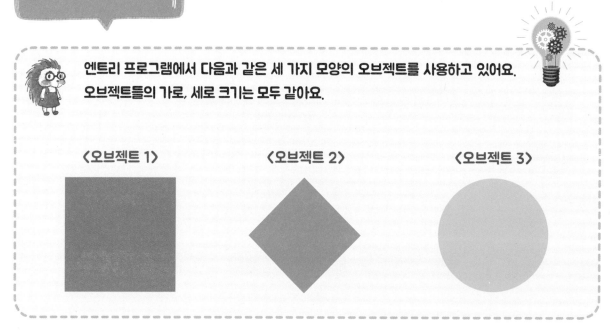

〈오브젝트 1〉   〈오브젝트 2〉   〈오브젝트 3〉

Q 실행화면에서 오브젝트 1, 오브젝트 2, 오브젝트 3 순서대로 X : 0, Y : 0에 도장 찍기를 했을 때, 결과 화면으로 맞는 것을 골라 보세요.

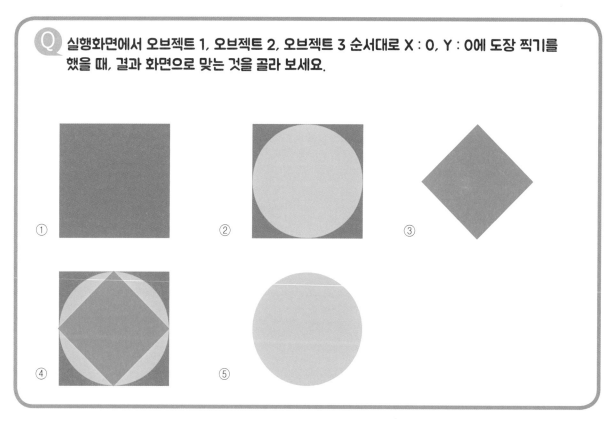

프로젝트 살펴보기

물감이 색깔을 선택한 후 마우스를 움직여 색칠하면 도안 오브젝트의 동물들이 모습을 나타내는 프로젝트에요. 다음 오브젝트들을 활용하여 동영상처럼 동작하는 엔트리 프로그램을 완성하세요.

example02.ent 배포 파일을 불러오세요.

오브젝트		
	빨강	X : 200, Y : 100
	파랑	X : 200, Y : 50
	노랑	X : 200, Y : 0
	무지개	X : 200, Y : -50
	지우개	X : 190, Y : -100
	도안	X : -50, Y : 0
	물감	X : 130, Y : 50
	배경	

결과 화면

작품을 QR코드로
살펴볼 수 있어요.

1단계 오브젝트 관찰하기

동영상을 자세히 살펴보고 오브젝트들의 동작들을 확인하세요. 〈보기〉의 오브젝트 동작 중 프로젝트를 완성하는 데 필요한 동작들을 모두 바르게 묶은 것을 고르세요.

〈보기〉

ㄱ. 물감은 마우스를 따라다녀요.

ㄴ. 왼쪽 화살표 키를 누르면 물감 오브젝트의 크기가 작아져요.

ㄷ. 스페이스 키를 누르면 칠한 색이 모두 지워져요.

ㄹ. 오른쪽 화살표 키를 누르면 그려진 그림이 지워져요.

ㅁ. 물감 오브젝트가 빨강 오브젝트에 닿으면 물감 오브젝트의 색깔을 빨간색으로 바꿔요.

① ㄱ, ㄴ   ② ㄱ, ㄷ, ㄹ   ③ ㄴ, ㅁ
④ ㄴ, ㄹ, ㅁ   ⑤ ㄱ, ㄷ, ㅁ

알고리즘 생각하기

Q 동영상 내용을 자세히 보면 사용자는 물감을 다양한 색깔로 바꿀 수 있어요. 물감의 색깔을 바꾸는 동작을 간단하게 표현하면 다음 그림과 같아요. 이 그림을 완성하기 위해 가), 나), 다)에 들어갈 내용이 각각 알맞게 짝지어진 것을 골라 보세요.

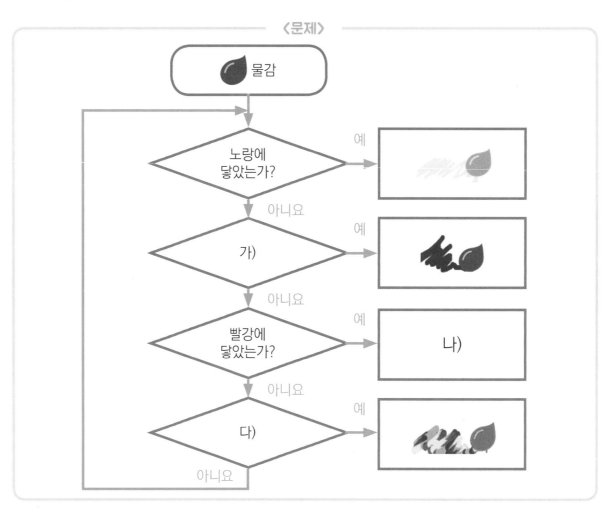

〈문제〉

① 가) 무지개에 닿았는가?　　　나) [이미지]　　　다) 파랑에 닿았는가?

② 가) 도안에 닿았는가?　　　나) 물감에 닿았는가?　　　다) [이미지]

③ 가) 파랑에 닿았는가?　　　나) [이미지]　　　다) 무지개에 닿았는가?

④ 가) 지우개에 닿았는가?　　　나) [이미지]　　　다) [이미지]

⑤ 가) 파랑에 닿았는가?　　　나) 지우개에 닿았는가?　　　다) 무지개에 닿았는가?

3단계 코딩하기

코딩 미션 1

 버튼을 클릭했을 때, 물감이 마우스를 계속 따라다니며 색칠하도록 코딩하세요.

오브젝트	조건

① "물감을 선택해 색을 바꿀 수 있어요!" 라고 2초간 말해요.

② 마우스 포인터를 계속 따라다닐 수 있도록 해요.

③ 그림이 그려질 수 있도록 그리기 시작해요.

〈사용 블록〉

코딩 미션 2

도안, 물감 오브젝트에 제시사항의 기능이 수행될 수 있도록 코딩하세요.

오브젝트   조건

① ⬜ 키를 눌렀을 때, 다음 동물로 모양을 바꿔요.

① ▶ 버튼을 클릭했을 때, 지우개에 닿으면 그려진 그림을 지운 후 다시 그릴 수 있어요.

② → 키를 눌렀을 때, 붓의 굵기를 1만큼 굵게 바꾸고 왼쪽 화살표 키를 눌렀을 때, 붓의 굵기를 1만큼 가늘게 바꿔요.

③ ⬜ 키를 눌러 도안의 모양이 바뀔 때 그려진 그림을 지운 후 다시 그릴 수 있어요.

〈사용 블록〉

선택된 물감 색이 어떤 것인지 판단할 수 있도록 빨강, 노랑, 파랑, 무지개색 오브젝트의 모양을 상황에 맞게 바꿔요.

오브젝트

조건

① ▶ 버튼을 클릭했을 때, 물감 오브젝트에 닿으면 모양을 '선택됨' 모양으로 바꿔요.

② 만약 물감에 닿지 않으면 모양을 '선택 안 됨' 모양으로 바꿔요.

③ 프로그램이 실행되는 동안 ①, ②의 조건을 계속 확인해요.

④ 빨강, 파랑, 노랑, 무지개색 오브젝트에 모두 같은 기능을 추가해요.

① 물감에 닿았을 때 오브젝트의 색깔 효과를 5만큼씩 바꿀 수 있도록 코드를 추가해요.

〈사용 블록〉

마우스로 선택한 색과 같은 색으로 물감 오브젝트의 색을 바꾸고 선택한 색깔의 그림이 그려질 수 있도록 코딩하세요.

오브젝트

조건

① ▶ 버튼을 클릭했을 때, 선택한 오브젝트의 색깔에 따라 그려지는 붓의 색이 정해질 수 있도록 코딩하세요(빨강 선택 : 빨간색, 파랑 선택 : 파란색, 노랑 선택 : 노란색).

② 선택한 색깔에 따라 물감 오브젝트의 모양이 변할 수 있도록 ①의 블록에 코드를 각각 추가하세요.

〈사용 블록〉

코딩 미션 5 **물감 오브젝트가 '무지개'를 선택했을 때의 상황을 코딩하세요.**

〈사용 블록〉은 중복하여 사용할 수 있으며, 제시한 〈사용 블록〉 외 다른 블록들도 자유롭게 사용할 수 있어요.

오브젝트

조건

① 무지개를 선택했을 때, 오브젝트의 색깔을 10만큼씩 계속 바꿔요.

② 무지개를 선택한 후 그림을 그리면 붓의 색이 무작위로 바뀌며 칠해지도록 해요.

③ ①,②는 다른 색(노랑, 파랑, 빨강) 오브젝트가 선택되기 전까지 계속 수행해요.

〈사용 블록〉

MEMO

파리 잡기

QUIZ? 퀴즈?

일상생활에서 조건 2개를 모두 만족해야 원하는 작업을 실행할 수 있는 예가 많아요.
예를 들어 친구에게 이메일을 보내기 위해 인터넷 홈페이지에 접속하려면 아이디와 비밀번호를 모두 올바르게 입력해야 해요.

홈페이지에 로그인하는 동작을 다음과 같은 코딩 블록으로 표현해 봤어요.

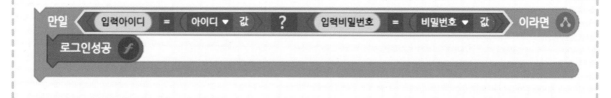

Q 이 조건을 완성하기 위해 ⟨?⟩에 넣어야 할 블록은 무엇일까요?

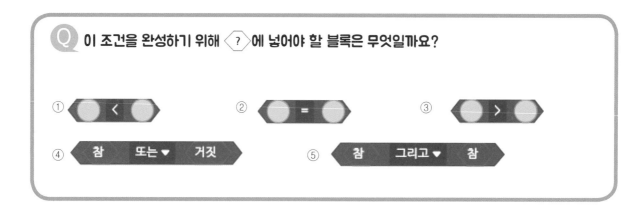

프로젝트 살펴보기

창문을 열어 뒀더니 방안에 파리가 한 마리씩 계속 들어오기 시작했어요. 제한 시간 내에 파리채로 파리를 잡지 못하면 방안은 파리로 가득할 거예요. 다음 오브젝트들을 활용하여 동영상처럼 동작하는 프로그램을 완성하세요.

예제 3

example03.ent 파일을 불러오세요.

오브젝트   결과 화면

파리채   X : 50, Y : 0

파리   X : -50, Y : 0

   배경

작품을 QR코드로
살펴볼 수 있어요.

1단계 ## 오브젝트 관찰하기

동영상을 자세히 살펴보고 오브젝트들의 동작들을 확인하세요. 다음 〈보기〉의 오브젝트 동작 중 프로젝트를 완성하는 데 필요한 동작들을 모두 바르게 묶은 것을 고르세요.

〈보기〉

ㄱ. 파리는 한 마리씩 점점 늘어나 마우스를 따라 날아다녀요.

ㄴ. 파리채에 전기가 흐르는 모양일 때 파리를 잡을 수 있어요.

ㄷ. 파리채는 키보드 방향키로 위치를 조절할 수 있어요.

ㄹ. 파리를 모두 잡으면 "당신은 파리 잡기 고수!"라고 말해요.

ㅁ. 파리채를 클릭해 파리를 잡으면 잡은파리수 0 가 늘어나요.

① ㄱ, ㄹ   ② ㄱ, ㅁ   ③ ㄴ, ㄷ, ㄹ
④ ㄴ, ㄹ, ㅁ   ⑤ ㄱ, ㄴ, ㄹ, ㅁ

Q 동영상을 보면 파리채는 여기저기 움직이며 파리를 잡는데, 만약 20초가 지나면 게임은 자동으로 종료돼요. 20초가 되기 전에 파리를 30마리 이상 잡으면 게임 성공이에요. 파리 잡기 프로젝트의 전체적인 내용을 다음과 같은 흐름도로 표현했어요. 이 그림을 완성하기 위해 **(가)** 에 들어갈 질문으로 알맞은 것을 고르세요.

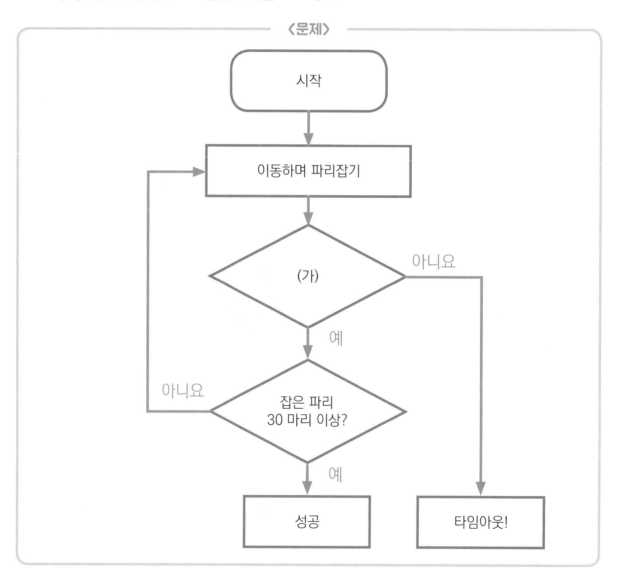

① 초시계값이 20보다 작은가?

② 초시계값이 20보다 큰가?

③ 초시계가 시작되었는가?

④ 초시계가 0으로 초기화됐는가?

⑤ 초시계가 멈췄는가?

코딩 미션 1 ▶ 버튼을 클릭했을 때 파리채가 마우스 포인터를 계속 따라다니도록 코딩하세요.

오브젝트

조건

① ▶ 버튼을 클릭했을 때 잡은 파리 수를 0으로 정해요.

② 모양을 파리채로 바꿔요.

③ 초시계를 0으로 만들고 시간 측정을 시작해요.

④ 파리채가 마우스 포인터를 계속 따라다녀요.

예제 3

〈사용 블록〉

코딩 미션 2 파리채 오브젝트를 클릭하면 파리채를 휘두르는 것처럼 보이도록 코딩하세요.

오브젝트

조건

① 오브젝트를 클릭하면 파리채의 모양을 바꿔 전기 파리채 모양으로 보이도록 해요.

② 0.5초 기다린 후 다시 원래 모양으로 돌아오도록 변경해요.

〈사용 블록〉

오브젝트를 클릭했을 때   초 기다리기   모양으로 바꾸기 버튼을 클릭했을 때 일정 시간마다 파리를 복제하도록 코딩하세요.

오브젝트   조건

① 버튼을 클릭했을 때 파리를 화면에서 보이지 않게 해요.

② 0.1초에서 0.5초 사이 무작위 초마다 파리를 복제하여 30마리를 만들어요.

③ 복제된 파리들의 이동 방향을 0~180 사이의 임의의 방향으로 정해요.

④ 파리가 X : −100~ −50, Y : −50~50의 임의의 위치로 이동하여 모습을 보이게 해요.

〈사용 블록〉

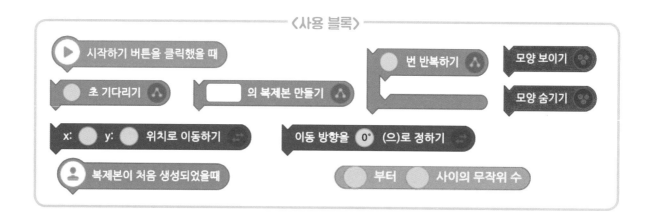

코딩 미션 4   파리가 파리채에 맞으면 잡은파리수 변숫값을 1씩 늘어나도록 코딩하세요.

오브젝트   조건

① 복제된 파리는 이동 방향으로 5만큼 계속 이동하고 화면 끝에 닿으면 튕겨서 날아가요.

② 파리가 날아다니는 모양을 표현하기 위해 모양을 바꿔요.

③ 날아다니던 파리가 파리채에 맞았는지, 파리채는 전기 파리채 모양인지 판단해요.

④ ③의 두 가지 조건을 모두 만족하면 잡은파리수를 하나씩 증가시켜요.

⑤ 파리채에 맞은 파리는 0.2초 동안 화면에 보였다가 삭제돼요.

〈사용 블록〉

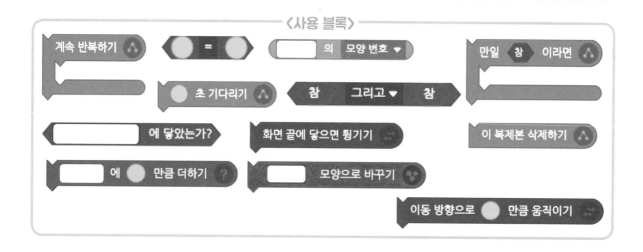

코딩 미션 5 파리를 모두 잡았거나 제한 시간이 지났을 때 프로그램을 멈추도록 코딩하세요.

〈사용 블록〉은 중복하여 사용할 수 있으며, 제시한 〈사용 블록〉 외 다른 블록들도 자유롭게 사용할 수 있어요.

오브젝트	조건

마우스 포인터를 따라 이동하던 파리채가 다음 조건을 처리하도록 코딩하세요.

① 게임을 시작하고 시간이 20초가 지났는지 확인해요.

② 제한 시간이 지났으면 파리를 몇 마리 잡았는지 화면에 2초간 표시하고
전체 프로그램을 종료해요(7마리를 잡으면 "7마리 잡기 성공!"을 표시해요).

③ 게임을 시작하고 20초가 지나지 않았지만, 파리를 30마리 모두 잡았는지 판단해요.

④ 파리를 모두 잡았으면 "당신은 파리 잡기 고수!"라고 2초간 말하고 전체 프로그램을
종료해요.

〈사용 블록〉

MEMO

예제 4

타자 연습

QUIZ? 퀴즈?

 선생님과 4명의 학생이 방송하기 게임을 하고 있어요. 방송하기 게임 규칙은 다음과 같아요.

〈방송하기 게임 규칙〉

① 한 사람씩 돌아가며 방송해요.

② 모든 사람이 방송을 받을 수 있어요.

③ 방송을 받았을 때 자신에게 해당하는 내용이면 점수를 1점씩 올려요.

Q 다음과 같은 순서로 게임을 진행했을 때 가장 많은 점수를 획득한 사람은 누구일까요?

　〈선생님〉　　　〈대헌〉　　　〈현숙〉　　　〈병채〉　　　〈경희〉

선생님 : 안경 쓴 사람 1점 추가해.

대헌 : 바지 입고 있는 사람 1점 추가해.

현숙 : 빨강 신발 신은 사람 1점 추가해

병채 : 옷에 영어 쓰여 있는 사람 1점 추가해.

경희 : 노랑 티셔츠 입은 사람 1점 추가해.

프로젝트 살펴보기

컴퓨터에 입문하는 사람이라면 누구나 사용해 보는 것이 바로 타자 연습 프로그램이에요. 키보드를 사용하여 원하는 내용을 빠르고 정확하게 입력할 수 있어야 컴퓨터도 쉽게 활용할 수 있기 때문이죠.
다음 오브젝트들을 활용하여 동영상처럼 동작하는 타자 연습 프로그램을 완성하세요.

example04.ent 파일을 불러오세요.

예제 4

오브젝트		결과 화면
 단어	X : 0, Y : 100	
 배경		작품을 QR코드로 살펴볼 수 있어요.

1단계 　**오브젝트 관찰하기**

동영상을 자세히 살펴보고 오브젝트들의 동작들을 확인해요. 다음 〈보기〉의 오브젝트 동작 중 프로젝트를 완성하는 데 필요한 동작들을 모두 바르게 묶은 것을 고르세요.

〈보기〉

ㄱ. 다양한 물건이 화면 위에서 아래쪽으로 내려와요.

ㄴ. 화면 속 말풍선에 보이는 단어를 입력해요.

ㄷ. 단어를 정확히 입력하면 '○' 라고 표시돼요.

ㄹ. 물건이 바닥에 닿을 때까지 단어를 입력하지 못하면 '오답' 개수가 늘고 다른 모양으로 바꿔요.

ㅁ. 단어를 잘못 입력하면 타자 연습이 종료돼요.

① ㄱ, ㄴ, ㄷ　　　　　　② ㄴ, ㄹ, ㅁ　　　　　　③ ㄷ, ㄹ, ㅁ
④ ㄱ, ㄴ, ㅁ　　　　　　⑤ ㄱ, ㄷ, ㄹ

Q 동영상과 같이 말풍선의 이름을 입력하여 맞추는 게임이에요. 게임의 흐름을 다음과 같이 화살표로 표현했어요. 게임의 흐름 상 (가)에 나올 수 없는 동작을 고르세요.

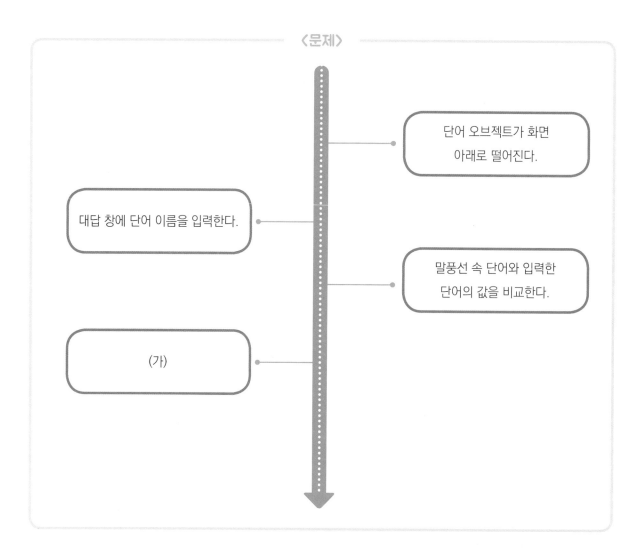

① 말풍선 속 단어와 입력한 단어의 값이 같지 않다면 단어 오브젝트의 모양은 바뀌지 않아요.

② 말풍선 속 단어와 입력한 단어의 값이 같다면 말풍선에 '○'를 표시해요.

③ 말풍선 속 단어와 입력한 단어의 값이 같다면 단어 오브젝트의 모양을 바꿔요.

④ 말풍선 속 단어와 입력한 단어의 값이 같다면 단어 오브젝트는 계속 바닥으로 이동해요.

⑤ 말풍선 속 단어와 입력한 단어의 값이 같지 않다면 말풍선에 '×'를 표시해요.

코딩 미션 1 버튼을 클릭했을 때 배경에 효과를 주고 게임을 시작하는 신호를 보내도록 코딩하세요.

오브젝트   조건

① 버튼을 클릭했을 때, 배경의 밝기를 −200으로 어둡게 바꿔요.

② 배경이 점점 밝아지도록 밝기를 2씩 100번 바꿔요.

③ '게임 시작' 신호를 보내요.

④ 0.5초 간격으로 다음 배경으로 계속 바꿔요.

예제 4

〈사용 블록〉

코딩 미션 2 '게임 시작' 신호를 받으면 게임 진행 방법을 설명하도록 코딩하세요.

오브젝트   조건

① '게임 시작' 신호를 받으면 단어가 화면에 보이게 해요.

② 이동속도 변수를 − 3으로 설정해요.

③ "타자 연습을 시작합니다"를 2초간 말해요.

④ "바닥에 닿기 전에 단어를 입력하세요"를 2초간 말해요.

〈사용 블록〉

단어를 무작위 모양으로 10번 표시하고 단어의 이름을 묻고 대답을 입력받도록 코딩하세요.

오브젝트   조건

① 단어를 전체 모양 중 임의의 모양으로 바꿔요.

② '문제 이동' 신호를 보내요.

③ 화면에 보이는 단어의 모양 이름을 묻고 대답이 입력되기를 기다려요.

④ ①~③ 과정을 10번 반복해요.

〈사용 블록〉

'문제 이동' 신호를 받으면 단어가 화면 위에서 아래쪽으로 내려오도록 코딩하세요.

오브젝트   조건

① '문제 이동' 신호를 받으면 X : −200 ~ 200, Y : 135 위치에 단어가 놓이도록 해요.

② 아래쪽 벽에 닿을 때까지 화면 아래쪽으로 이동속도만큼 계속 내려가요.

③ 단어가 이동하는 것이 보이도록 이동할 때마다 0.2초씩 기다려요.

④ ① ~ ③ 전 과정을 계속 반복하여 단어가 화면 위에서 아래로 계속 이동하도록 해요.

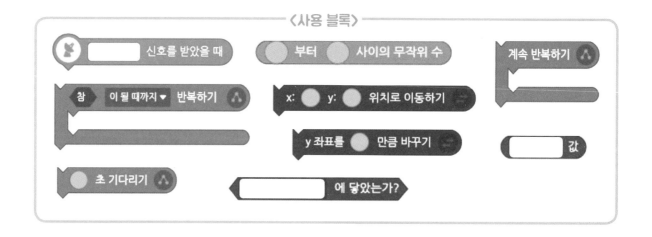

〈사용 블록〉

코딩 미션 5 정답, 오답 개수를 계산하고 최종 타자 연습 결과를 보여 주도록 코딩하세요.

〈사용 블록〉은 중복하여 사용할 수 있으며, 제시한 〈사용 블록〉 외 다른 블록들도 자유롭게 사용할 수 있어요.

오브젝트	조건

단어 이름을 묻고 대답을 기다리는 코드 다음에 동작을 추가해요.

① 사용자가 대답을 입력하면 단어가 움직이는 코드를 멈추게 해요.

② 사용자가 입력한 대답이 단어의 모양 이름과 같으면 **정답** 값을 하나 증가시키고 정답임을 표시하기 위해 '○'를 0.5초간 말해요.

③ 단어가 화면 아래쪽으로 좀 더 빨리 떨어지도록 이동 속도를 3만큼 바꿔요.

④ 사용자가 입력한 대답이 정확하지 않으면 **오답** 값을 하나 증가시키고 정답임을 표시하기 위해 'X'를 0.5초간 말해요.

⑤ 10번의 타자 연습이 모두 끝난 후 **정답**, **오답**이 화면에 보이도록 해요.

예제 4

〈사용 블록〉

MEMO

틀린 그림 찾기

좌표로 그림을 그려 볼까요?
좌표와 좌표를 연결하면 선이 나타나고 선과 선이 만나면
새로운 그림이 나타나요.

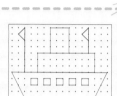

Q 다음 좌푯값을 연결하여 그림을 완성해 보세요. 어떤 모양을 만들 수 있을까요?
좌푯값 (X : 0, Y : 100) (X : 70, Y : -70) (X : -85, Y : 25) (X : 90, Y : 30)
　　　 (X : -65, Y : -70)

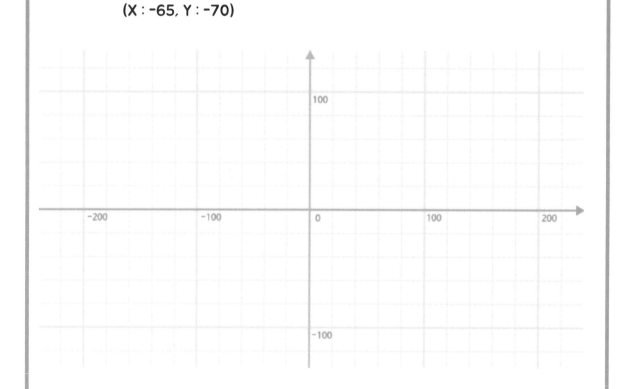

프로젝트 살펴보기

박사님이 우리에게 틀린 그림 찾기 퀴즈를 냈어요. 언뜻 보기에 2개의 그림이 똑같아 보이지만 자세히 보면 틀린 부분이 분명히 있어요. 눈을 크게 뜨고 틀린 부분을 찾아보세요. 다음 오브젝트들을 활용하여 동영상처럼 동작하는 틀린그림 찾기 프로그램을 완성하세요.

example05.ent 파일을 불러오세요.

오브젝트

결과 표시   X : -180, Y : 10

틀린 그림
1, 2, 3   숨기기

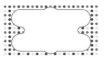
박사님   X : 0, Y : 0

배경
(기본 배경,
틀린 그림)

결과 화면

작품을 QR코드로
살펴볼 수 있어요.

예제 5

1단계   오브젝트 관찰하기

동영상을 자세히 살펴보고 오브젝트들의 동작들을 확인하세요. 다음 〈보기〉의 오브젝트 동작 중 프로젝트를 완성하는 데 필요한 동작들을 모두 바르게 묶은 것을 고르세요.

〈보기〉

ㄱ. 2개의 그림 중 틀린 부분은 모두 3곳이고 제한 시간은 10초예요.

ㄴ. 2개의 그림 중 틀린 부분을 마우스로 클릭하면 노란색 동그라미가 깜빡여요.

ㄷ. 틀린 그림을 모두 찾으면 다양한 색깔의 글자로 'GAME CLEAR'가 표시돼요.

ㄹ. 틀린 그림을 제한 시간에 모두 찾지 못하면 'GAME OVER'가 표시돼요.

ㅁ. 'GAME OVER' 글자는 한 글자씩 화면에 표시되고 글자가 점점 커져요.

① ㄱ, ㄷ   ② ㄱ, ㄹ   ③ ㄴ, ㄷ, ㄹ
④ ㄱ, ㄷ, ㄹ   ⑤ ㄴ, ㄷ, ㄹ, ㅁ

동영상을 보면 틀린 그림 찾기를 마치면 미션에 성공했는지 실패했는지 글자로 표시돼요.
먼저 첫 번째 글자가 화면에 표시되고 다음 글자들이 한 글자씩 차례대로 오른쪽 옆으로 나타나요.
이와 같은 방법으로 **C**, **O**, **D**, **I**, **N**, **G** 여섯 가지 모양을 가진 오브젝트로 다음 그림을 표시하려고 해요.

〈프로젝트〉

Q 글자들을 다음과 같이 표현하기 위한 코드는 오른쪽과 같아요. 코드를 완성하기 위해 (가)에 필요한 동작은 무엇일까요?

〈위치 정보〉

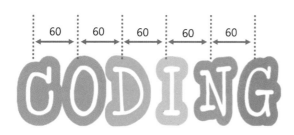

〈코드〉

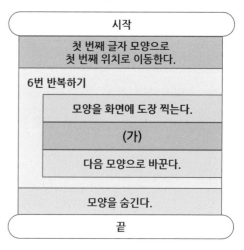

시작
첫 번째 글자 모양으로 첫 번째 위치로 이동한다.
6번 반복하기
모양을 화면에 도장 찍는다.
(가)
다음 모양으로 바꾼다.
모양을 숨긴다.
끝

① X 좌표를 60으로 정해요.

② 이동 방향을 60으로 정해요.

③ 방향을 60만큼 회전해요.

④ X 좌표를 60만큼 바꿔요.

⑤ Y 좌표를 60만큼 바꿔요.

3단계 코딩하기

코딩 미션 1 ▶ 버튼을 클릭했을 때 박사님이 게임 설명을 한 후, 틀린 그림 게임이 시작되도록 코딩하세요.

오브젝트   조건

① ▶ 버튼을 클릭했을 때, "틀린 그림은 3개", "제한 시간은 10초입니다"를 각각 2초 동안 말해요.

② 박사님은 화면에서 사라져요.

③ '틀린 그림 찾기' 신호를 보내어 게임을 시작해요.

〈사용 블록〉

코딩 미션 2   '틀린 그림 찾기' 신호를 받으면 배경과 오브젝트들을 준비하도록 코딩하세요.

오브젝트   조건

① '틀린 그림 찾기' 신호를 받으면 투명도 효과를 조절하여 화면에 거의 보이지 않게 해요 (투명도를 조절해도 오브젝트는 클릭할 수 있어야 해요).

② 화면에 보이게 해요.

③ ①, ② 과정은 3개의 틀린그림 표시에서 모두 똑같이 동작해요.

④ '틀린 그림 찾기' 신호를 받으면 배경 모양을 '틀린 그림'으로 바꿔요.

〈사용 블록〉

코딩 미션 3 변수를 활용하여 틀린 그림이 한 번씩만 선택되도록 코딩하세요.

오브젝트   조건

틀린 그림 1,2,3

1번찾음 변수는 틀린 그림 1을 찾았는지 나타내는 변수로 처음 값은 0이고 틀린 그림 1을 찾으면 1로 변해요.

① 틀린 그림 1 오브젝트를 클릭했을 때 이 틀린 부분을 아직 찾지 않았는지 판단해요.

② 아직 찾지 않은 부분이면 투명도를 25 정도로 정해요.

③ 틀린 그림 1을 찾았다는 의미로 1번찾음 변수를 1로 바꿔요.

④ 2번찾음, 3번찾음 변수를 활용하여 틀린 그림 2, 틀린 그림 3 오브젝트에 같은 동작을 추가해요.

〈사용 블록〉

코딩 미션 4 틀린 그림을 모두 찾았는지 제한 시간이 지났는지 확인하여 게임이 진행되도록 코딩하세요.

오브젝트   조건

① 틀린 그림을 찾기 시작한 후 초시계를 0으로 하고 시간 측정을 시작해요.

② 게임 시간이 시작된 후 10초가 지났으면 '게임오버' 신호를 보내고 이 조건을 더는 검사하지 않도록 코드를 멈춰요.

③ 1번찾음, 2번찾음, 3번찾음 변수를 사용하여 3곳의 틀린 그림을 모두 찾았는지 검사해요.

④ 틀린 그림을 모두 찾았으면 '게임클리어' 신호를 보내고 이 조건을 더 검사하지 않도록 코드를 멈춰요.

〈사용 블록〉

코딩 미션 5 **'게임오버', '게임클리어' 신호를 받으면 게임 결과가 표시되도록 코딩하세요.**

〈사용 블록〉은 중복하여 사용할 수 있으며, 제시한 〈사용 블록〉 외 다른 블록들도 자유롭게 사용할 수 있어요.

오브젝트	조건

① '게임오버' 신호를 받으면 틀린 그림을 선택하는 코드를 멈추게 해요.

② 3개의 틀린그림 오브젝트에 모두 같은 기능을 추가해요.

① '게임클리어' 신호를 받으면 모양을 '게임클리어_글자 1'로 바꾸고 화면에 보이게 해요.

② 글자를 화면에 도장 찍고 다음 글자가 찍힐 때까지 0.5초간 기다려요.

③ 글자를 오른쪽으로 40만큼 옮기고 다음 모양으로 바꿔요.

④ ②, ③ 과정을 10번 반복하여 'GAME CLEAR'를 표시하고 마지막 글자는 화면에 보이지 않게 해요.

⑤ '게임오버' 신호를 받으면 '게임오버_글자 1' 모양부터 '게임오버_글자 9' 모양을 도장 찍어 'GAME OVER'를 표현해요.

예제 5

〈사용 블록〉

MEMO

과녁을 맞혀라

QUIZ? 퀴즈?

 오늘, 엔트리봇의 학교에서 화재 대피 훈련을 했어요. 다음 그림의 출발 지점부터 비상구까지 빠르게 이동하는 훈련이었어요.

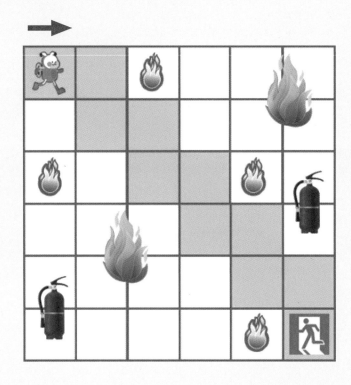

Q 엔트리봇이 출발 지점부터 비상구까지 모두 몇 칸을 이동해야 할까요? (   ) 칸

이동하는 동작이 반복되는 구간을 그림에 표시해 볼까요?

같은 동작을 모두 몇 번 사용해야 하나요? (   ) 번

프로젝트 살펴보기

 키를 누르면 활대를 당겨 화살을 쏠 수 있어요. 화살로 과녁판을 맞히면 점수가 올라가고 일정 점수가 되면 게임은 종료돼요. 다음 오브젝트들을 활용하여 실행 동영상처럼 동작하는 프로그램을 완성하세요.

example06.ent 파일을 불러오세요.

오브젝트

 화살 X : -4, Y : -95

 활대 X : 0, Y : -100

 과녁판 X : -185, Y : 80

 배경

결과 화면

작품을 QR코드로 살펴볼 수 있어요.

1단계 **오브젝트 관찰하기**

동영상을 자세히 살펴보고 오브젝트들의 동작들을 확인하세요. 다음 <보기>의 오브젝트 동작 중 프로젝트를 완성하는 데 필요한 동작들을 모두 바르게 묶은 것을 고르세요.

〈보기〉

ㄱ. 화살은 과녁판을 뚫고 지나가요.

ㄴ. 화살이 과녁판에 닿으면 과녁판의 모양이 변해요.

ㄷ.  를 눌렀을 때 화살이 발사돼요.

ㄹ. 5번 명중했을 때 게임이 종료돼요.

ㅁ. 과녁판은 좌우로 이동해요.

① ㄱ, ㄹ   ② ㄱ, ㄷ, ㄹ   ③ ㄴ, ㄷ, ㅁ
④ ㄱ, ㄷ, ㅁ   ⑤ ㄴ, ㄹ

알고리즘 생각하기

동영상의 내용처럼 활대를 당겨 화살을 쏘아 과녁판을 맞추는 프로그램을 작성하려면 화살의 움직임을 아래와 같이 표현할 수 있어요. (가)에 들어갈 질문으로 알맞은 것을 고르세요.

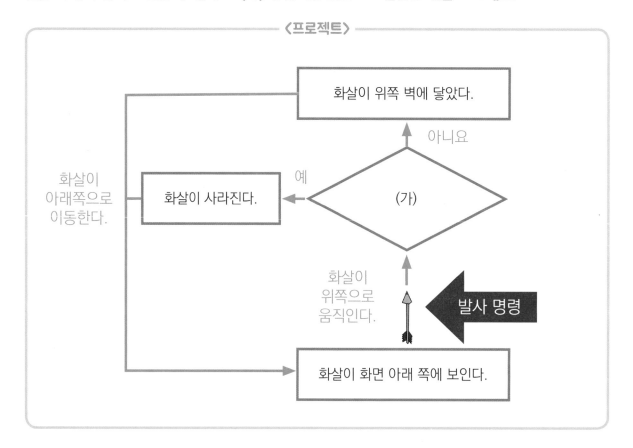

① 스페이스 바를 눌렀는가?

② 활에 닿았는가?

③ 화살의 모양이 바뀌었는가?

④ 과녁판에 닿았는가?

⑤ 화살을 클릭했는가?

코딩 미션 1 버튼을 클릭했을 때 과녁판이 계속 좌우로 이동할 수 있도록 코딩하세요.

오브젝트   조건

① 버튼을 클릭하면 모양을 과녁판 모양으로 바꿔요.
② 과녁판은 한 번에 5만큼씩 계속 이동해요.
③ 화면 끝에 닿으면 팅겨서 반대 방향으로 이동해요.

〈사용 블록〉

예제 6

코딩 미션 2 키를 누르면 활대가 당겨졌다 제자리로 가도록 코딩하세요.

오브젝트   조건

① 키를 눌렀을 때, 모양이 '활대'로 바뀌었다가 다시 '당긴 활대'로 바꿔요.
② 2개의 모양이 바뀌는 것을 확인할 수 있게 중간에 0.5초 기다려요.

〈사용 블록〉

키를 눌렀을 때 화살이 벽까지 날아가도록 코딩하세요.

오브젝트   조건

① 키를 눌렀을 때, 화살은 벽에 닿을 때까지 또는 과녁판에 닿을 때까지 화면 위쪽으로 10만큼씩 계속 이동해요.

〈사용 블록〉

코딩 미션 4 **화살이 과녁판에 닿으면 '명중' 신호를 보내고 다시 처음 위치로 돌아가도록 코딩해요.**

오브젝트   조건

① 키를 눌렀을 때, 문제 6번 코딩 이후 화살이 과녁판에 닿았는지 확인해요.

② 만약 과녁판에 닿았다면, 모양을 숨긴 후 '명중' 신호를 보내고 0.5초 기다려요.

③ 과녁판에 닿았을 때의 코딩이 모두 끝난 후, 화살은 처음 위치로 이동하고 모양을 보여요.

〈사용 블록〉

코딩 미션 5 명중되었을 때, 점수가 올라가고 점수가 **10점**이 되면 프로그램이 종료되도록 코딩하세요.

〈사용 블록〉은 중복하여 사용할 수 있으며, 제시한 〈사용 블록〉 외 다른 블록들도 자유롭게 사용할 수 있어요.

오브젝트	조건

① '명중' 신호를 받았을 때, 점수를 1점 증가시켜요.
② 화살이 명중한 것을 표현하기 위해 모양을 '명중과녁판'으로 바꿔주고 0.5초 뒤에 원래 모양으로 다시 바꿔요.
③ 만약 점수가 10점이라면 과녁판을 숨기고 '종료' 신호를 보내요.

① '종료' 신호를 받았을 때, 모양을 게임 끝으로 바꿔요.

─〈사용 블록〉─

예제 6

MEMO

우주 공 전쟁

현재의 그림이 1초 후에 화살표 방향의 그림으로 바뀌는 규칙이 있어요.

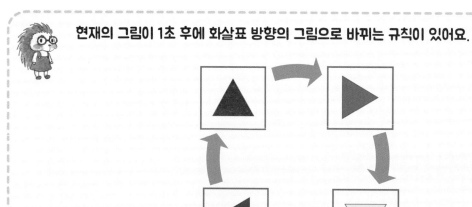

이 규칙을 사용하면 다음 왼쪽 그림은 1초 후 오른쪽처럼 변해요.

Q 같은 규칙에 따라 다음의 그림은 1초 후에 어떻게 바뀌는지 그려 봐요.

〈문제〉

〈답〉

프로젝트 살펴보기

우주 속에 떠도는 공을 움직여 화면 좌우 끝에 있는 별을 획득하는 게임을 만들려고 해요.
예상치 못한 순간에 장애물이 등장할 수 있으니 항상 조심해야 해요.
다음 오브젝트들을 활용하여 동영상처럼 동작하는 엔트리 프로그램을 완성하세요.

example07.ent 파일을 불러오세요.

오브젝트   결과 화면

 공   X : 0, Y : 100

 장애물   X : 0, Y : -110

 동전   X : 210, Y : 80

 배경

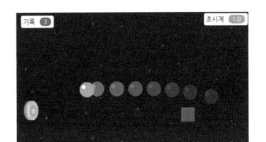

작품을 QR코드로
살펴볼 수 있어요.

예제 7

1단계   오브젝트 관찰하기

동영상을 자세히 살펴보고 오브젝트들의 동작들을 확인하세요. 다음 <보기>의 오브젝트 동작 중
프로젝트를 완성하는 데 필요한 동작들을 모두 바르게 묶은 것을 고르세요.

─── 〈보기〉 ───

ㄱ. 공은 좌우로만 움직이며 움직이는 방향으로 모양 흔적이 생겨요.

ㄴ. 공이 장애물에 부딪히면 게임이 종료돼요.

ㄷ. 장애물과 별은 항상 일정한 위치에서 나타나요.

ㄹ. 공이 별을 획득하면 기록이 하나씩 올라가요.

ㅁ. 공이 정해진 시간 안에 별을 획득하지 못하면 게임이 종료돼요.

① ㄱ, ㄴ   ② ㄱ, ㄴ, ㄹ   ③ ㄴ, ㅁ
④ ㄴ, ㄹ, ㅁ   ⑤ ㄱ, ㄴ, ㄹ, ㅁ

엔트리봇(🐰)과 삼각기둥(🔺) 오브젝트를 사용하여 엔트리봇이 삼각기둥 사이를 왕복달리기하는 간단한 프로젝트를 작성하려고 해요.

〈프로젝트〉

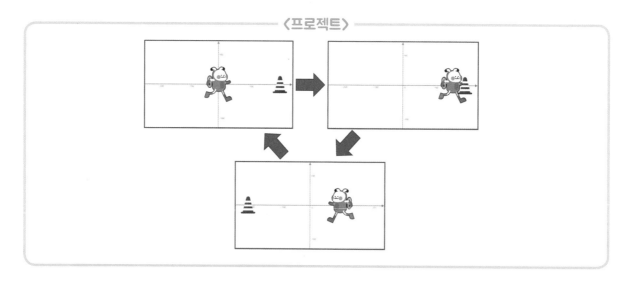

위의 그림처럼 달리던 엔트리봇이 오른쪽 삼각기둥을 터치하고 반대 방향으로 달리기 시작하면 삼각기둥은 화면 왼쪽으로 옮겨져요. 삼각기둥은 엔트리봇이 왕복달리기를 하는 동안 계속 화면의 좌우 양 끝에 번갈아 보여요. 이처럼 움직이는 삼각기둥의 위치 이동은 다음 블록으로 표현할 수 있어요.

Q 삼각기둥이 현재 위치에서 화면의 가로축 반대 위치로 이동하기 위해 (가)에 필요한 블록을 다음에서 고르세요.

① (240 - (삼각기둥 ▼ 의 x 좌푯값 ▼))

② (삼각기둥 ▼ 의 x 좌푯값 ▼)

③ ((삼각기둥 ▼ 의 x 좌푯값 ▼) x (-1))

④ (삼각기둥 ▼ 의 y 좌푯값 ▼)

⑤ ((삼각기둥 ▼ 의 x 좌푯값 ▼) + (240))

3단계 코딩하기

코딩 미션 1   버튼을 클릭했을 때 공이 마우스를 따라 계속 이동하도록 코딩하세요.

오브젝트   조건

① 버튼을 클릭하면 마우스 포인터를 계속 따라 이동해요.
② 이동하면서 자신을 계속 복제해요.

〈사용 블록〉

코딩 미션 2   이동하는 공을 따라 모양 흔적이 보이다 점점 사라지도록 코딩하세요.

오브젝트   조건

① 복제된 공의 밝기를 50정도 어둡게 바꿔 모양 흔적처럼 보이도록 해요.
② 복제된 모양 흔적에 반투명 효과를 10씩 반복해 점점 화면에서 사라져요.
③ 복제된 모양 흔적을 삭제해요.

〈사용 블록〉

코딩 미션 3 ▶ 버튼을 클릭했을 때 장애물이 화면 아래쪽에 계속 나타나도록 코딩하세요.

오브젝트	조건
	① ▶ 버튼을 클릭하면 화면에서 보이지 않게 해요. ② 0.5초에서 1.5초 사이 임의의 시간마다 자신을 복제하여 장애물을 계속 만들어요. ③ 복제된 장애물은 X : −160~160, Y : −110 위치에 놓이도록 해요. ④ 전체 장애물 모양 중 무작위 모양으로 바꾸고 화면에 보이게 해요.

〈사용 블록〉

코딩 미션 4 장애물이 화면 위쪽으로 이동하다 공과 부딪치면 게임을 종료하도록 코딩하세요.

오브젝트	조건
	① 장애물은 화면의 위쪽으로 모양 번호보다 2만큼 큰 값으로 계속 이동해요. ② 위쪽으로 이동하던 장애물이 화면의 위쪽에 닿으면 삭제해요. ③ 장애물이 공과 부딪치면 '게임오버' 신호를 보내고 장애물을 삭제해요.

〈사용 블록〉

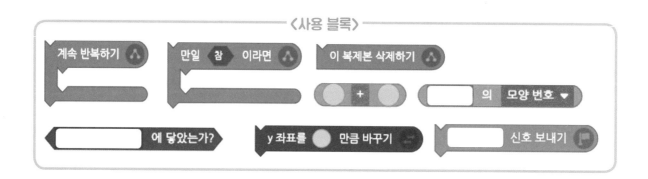

코딩 미션 5 버튼을 클릭했을 때 공이 5초 안에 동전을 획득하지 못하면 게임을 종료하도록 코딩하세요.

〈사용 블록〉은 중복하여 사용할 수 있으며, 제시한 〈사용 블록〉 외 다른 블록들도 자유롭게 사용할 수 있어요.

오브젝트   조건

① 버튼을 클릭하면 동전이 화면에 보이도록 하고 시간 측정을 시작해요.

② 공이 동전을 획득했거나 시간이 5초 지날 때까지 그 자리에서 기다려요.

③ 만약 공이 동전을 획득했다면 동전을 화면의 반대쪽 다른 위치로 옮기고 **기록**을
1 증가시켜요. X 좌표는 +/− 기호만 바꾸고 Y 좌표는 − 80~80 사이의 위치로 이동해요.

④ 동전이 새로운 위치에 놓인 순간부터 다시 5초 타임아웃을 측정하기 위해 초시계를 0으로
바꿔요.

⑤ 5초 동안 별을 잡지 못하면 '게임오버' 신호를 보내요.

⑥ ②~⑤ 과정을 게임이 종료될 때까지 계속 반복해요.

〈사용 블록〉

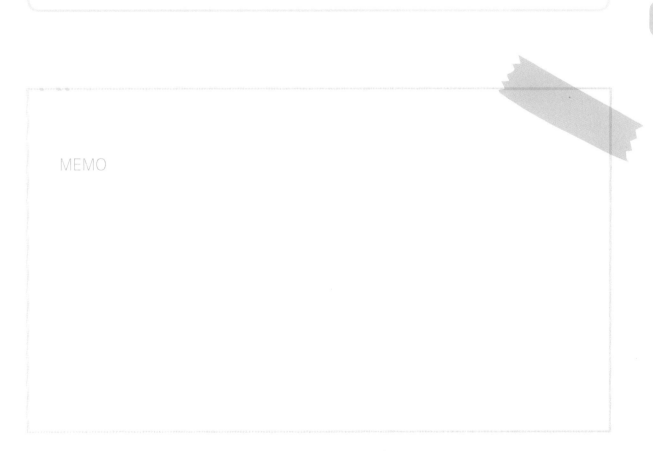

예제 7

MEMO

생각팡팡
코딩교실
with 엔트리

2019. 12. 9. 1판 1쇄 인쇄
2019. 12. 13. 1판 1쇄 발행

지은이 | 서원정, 두선미, 이현정, 조은미((주)맘이랜서 맘잡고네트워크 I 3CT코딩강사)
펴낸이 | 이종춘
펴낸곳 | **BM** (주)도서출판 **성안당**
주소 | 04032 서울시 마포구 양화로 127 첨단빌딩 3층(출판기획 R&D 센터)
     | 10881 경기도 파주시 문발로 112 출판문화정보산업단지(제작 및 물류)
전화 | 02) 3142-0036
     | 031) 950-6300
팩스 | 031) 955-0510
등록 | 1973. 2. 1. 제406-2005-000046호
출판사 홈페이지 | **www.cyber.co.kr**
도서 문의 | support@momjobgo.com
ISBN | 978-89-315-5635-3 (13000)
정가 | **18,000원**

이 책을 만든 사람들
책임 | 최옥현
기획 | 맘잡고콘텐츠연구소
진행 | 조혜란
교정 · 교열 | 안종군
일러스트 | 유어진
본문 디자인 | 찬프로미디어
표지 디자인 | 찬프로미디어, 박원석
홍보 | 김계향
국제부 | 이선민, 조혜란, 김혜숙
마케팅 | 구본철, 차정욱, 나진호, 이동후, 강호묵
제작 | 김유석

www.**cyber**.co.kr ★★★
성안당 Web 사이트

■ 도서 A/S 안내

성안당에서 발행하는 모든 도서는 저자와 출판사, 그리고 독자가 함께 만들어 나갑니다.
좋은 책을 펴내기 위해 많은 노력을 기울이고 있습니다. 혹시라도 내용상의 오류나 오탈자 등이 발견되면 **"좋은 책은 나라의 보배"**로서 우리 모두가 함께 만들어 간다는 마음으로 연락주시기 바랍니다. 수정 보완하여 더 나은 책이 되도록 최선을 다하겠습니다.
성안당은 늘 독자 여러분들의 소중한 의견을 기다리고 있습니다. 좋은 의견을 보내주시는 분께는 성안당 쇼핑몰의 포인트(3,000포인트)를 적립해 드립니다.

잘못 만들어진 책이나 부록 등이 파손된 경우에는 교환해 드립니다.